Kirstin Jebautzke, Ute Klein

Lernstationen Religion: Jesus

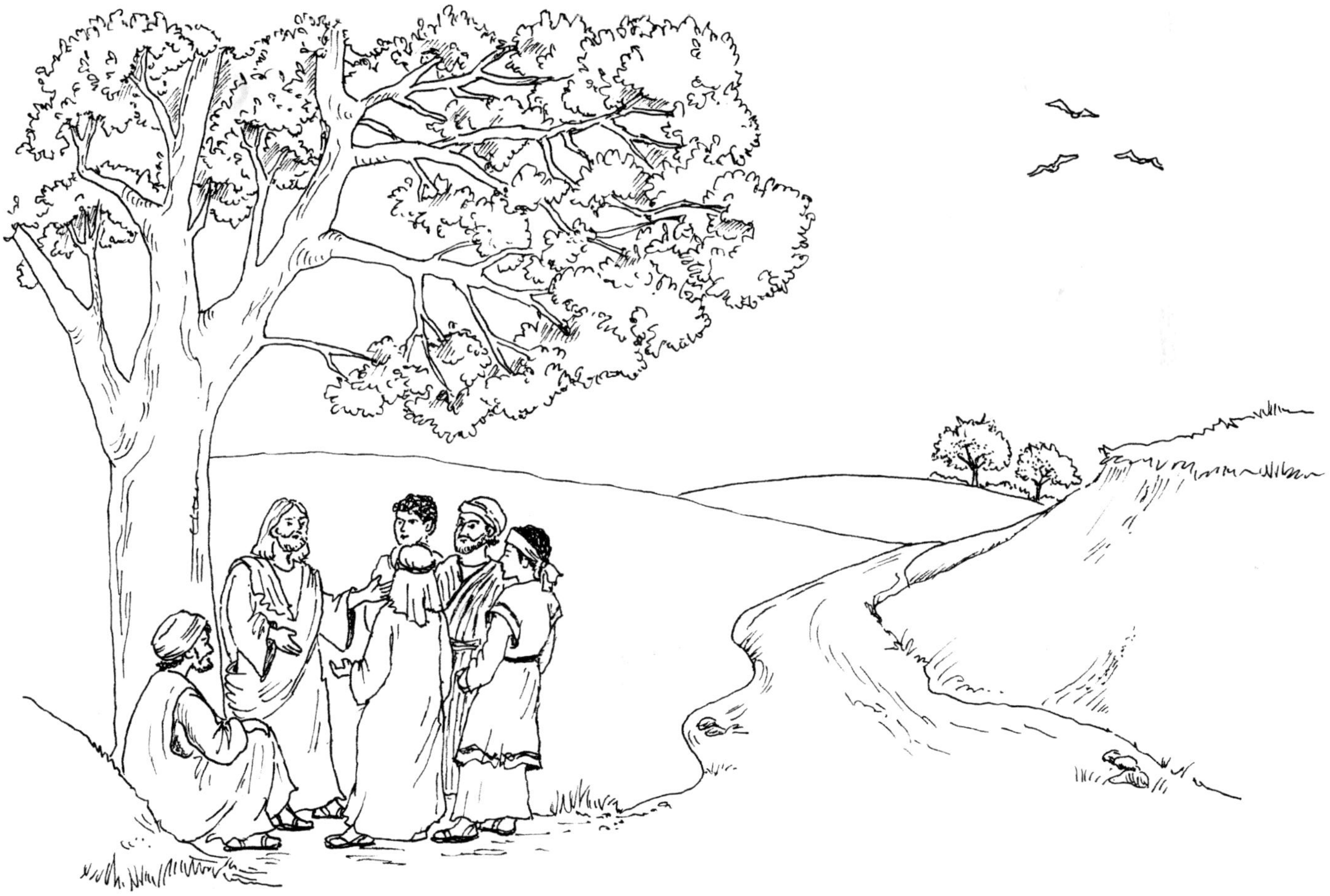

Die Autorinnen

Kirstin Jebautzke und **Ute Klein** sind erfahrene Grundschullehrerinnen aus Schleswig-Holstein und Niedersachsen und Autorinnen zahlreicher Veröffentlichungen.

4. Auflage 2022

AAP Lehrerwelt GmbH
Veritaskai 3
21079 Hamburg
Telefon: +49 (0) 40325083-040
E-Mail: info@lehrerwelt.de
Geschäftsführung: Christian Glaser
USt-ID: DE 173 77 61 42
Register: AG Hamburg HRB/126335

Wir verwenden in unseren Werken eine genderneutrale Sprache. Wenn keine neutrale Formulierung möglich ist, nennen wir die weibliche und die männliche Form. In Fällen, in denen wir aufgrund einer besseren Lesbarkeit nur ein Geschlecht nennen können, achten wir darauf, den unterschiedlichen Geschlechtsidentitäten gleichermaßen gerecht zu werden.

Autorschaft: Kirstin Jebautzke, Ute Klein
Covergestaltung: TSA&B Werbeagentur GmbH, Hamburg
Illustrationen: Marion El Khalafawi – sowie: Wibke Brandes (Seite 67: Taufe); Mele Brink (Seite 15: Dartpfeile); Andrea Frick-Snuggs (Seite 15: Nuss); Anke Fröhlich (Seite 15: Gameboys); Gisela Fuhrmann (Seite 12: Lebensweg Jesu); Barbara Gerth (Seite 15: Inlineskates, Jojo, Knochen, Puppe, Reifen, Würfel); Julia Flasche (Seite 15: Spielzeug, Seite 20: Puzzleteile, Seite 53: Fahrrad, Fussball, Schule, Tischtennis, Seite 68: Badewanne); Theresa Koppers (Seite 15: Kreisel); Charlotte Wagner (Seite 40: Sonne)
Satz: Satzpunkt Ursula Ewert GmbH, Bayreuth
Druck und Bindung: SDK Systemdruck Köln GmbH & Co. KG, Köln

ISBN: 978-3-403-23409-8
www.persen.de

Vorwort

Jesus Christus ist der Urheber und die zentrale Gestalt des Christentums. Von daher gehört es zum Kern des Religionsunterrichts der Grundschule, nach Jesus zu fragen und dazu beizutragen, dass die Schülerinnen und Schüler eine eigene Vorstellung von der Person und dem Wirken Jesu entwickeln.

Heute mehr denn je bringen die Kinder unterschiedliches Wissen über Jesus mit in die Grundschule – viele von ihnen begegnen Jesus im Rahmen des Religionsunterrichts zum ersten Mal. Auch aus diesem Grund nähern wir uns Jesus auf unterschiedliche Weise: Zum einen geht es darum, ein Verständnis für den historischen Jesus von Nazareth anzubahnen, der unter bestimmten Bedingungen im Land Palästina vor 2000 Jahren gelebt hat. Zum anderen möchten wir über die biblischen Jesusgeschichten einen Zugang zu Jesus als Sohn Gottes, seinem Wirken und der Verkündung seiner Botschaft schaffen. Kinder im Grundschulalter erhalten ihrer Lernausgangslage entsprechend vielfältige Anregungen und die Möglichkeit, sich selbstständig mit Informationen und biblischen Erzählungen auseinanderzusetzen. Dadurch werden die Schülerinnen und Schüler ermutigt, darüber nachzudenken, inwiefern die Botschaft Jesu bis heute aktuell ist und was Jesus Christus für ihr eigenes Leben bedeuten kann.

Wir hoffen, dass Sie die Materialien gewinnbringend in Ihrem Unterricht einsetzen können und wünschen Ihnen viel Erfolg, aber auch (Lern-)Spaß damit.

Kirstin Jebautzke *Ute Klein*

Praktische Tipps

Das Buch ist so aufgebaut, dass jedes Kapitel für sich eine geschlossene Einheit bildet. In den **fünf Kapiteln** werden grundlegende Fragestellungen zum Thema Jesus vermittelt. Dabei orientieren wir uns an den Kompetenzbeschreibungen in den aktuellen Lehrplänen der verschiedenen Bundesländer. Selbstverständlich können die Angebote auch in einer frei gewählten anderen Zusammenstellung eingesetzt werden. Dies gilt insbesondere für die Kopiervorlagen im Kapitel *Christliche Feste*, die sicherlich im Kontext des Jahreslaufs eingesetzt werden.

Das Buch versteht sich nicht als Lehrgang und erhebt auch nicht den Anspruch, dass alle Seiten von allen Kindern bearbeitet werden müssen. Vielmehr sollen die Schülerinnen und Schüler durch **praktisches und selbstständiges Bearbeiten** der verschiedenen Themenaspekte ihren Wissensstand erweitern können. Dies kann je nach der von der Lehrkraft gewählten Organisationsform im Rahmen des (Fach-)Unterrichts (ggf. in Erweiterung zu einem Lehrbuch), der Frei- oder Wochenplanarbeit oder im Lernwerkstatt-Betrieb erfolgen.

Auf den **Kopiervorlagen** steht jeweils ein Aspekt im Fokus. Wir haben versucht, die Beschäftigung damit möglichst handlungsorientiert und abwechslungsreich zu gestalten. Auf einigen Arbeitsblättern finden sich differenzierte Aufgabenstellungen. Dabei sind komplexere Aufgabenformate mit einem ▶ gekennzeichnet. Einzelne Arbeitsblätter liegen in zweifacher Ausführung (A und B) vor. Ob diese differenzierend oder ergänzend zueinander eingesetzt werden, entscheidet die Lehrkraft individuell je nach Unterrichtssituation. Durch die bewusst offen formulierten Aufgabenstellungen besteht grundsätzlich die Möglichkeit zu differenzieren.

Das Kapitel **Angebote zur Lernstandsfeststellung** umfasst Kopiervorlagen, die weniger die Funktion eines „Tests“ haben, sondern vielmehr eine kreative Möglichkeit darstellen, dass die Kinder ihr Wissen überprüfen können, ohne damit in einer „Stresssituation“ zu sein. Dies schien uns für das Thema angemessen. Die Fragen aus der Spielvorlage (siehe Seite 72/73) können ggf. auch von der Lehrkraft für das Erstellen einer Wissensüberprüfung herangezogen werden.

Die **Lösungen** (siehe Seite 78) eignen sich für den Einsatz im Klassenzimmer (Stichwort: Selbstkontrolle) und bieten aber auch Ihnen eine Unterstützung bei der Kontrolle der Arbeitsblätter.

Bilder von Jesus

Viele Künstler haben versucht, Jesus darzustellen.

▷ Welches Kunstwerk gefällt dir besonders gut? Begründe.

▶ Was erfährst du aus den Bildern über Jesus?

Wer war Jesus Christus?

Als Einstieg in das Thema finden sich die Kinder mit einem Partner oder in Vierergruppen zusammen.
Jede Arbeitsgruppe erhält ein Blatt Papier, auf dem die Schreibfelder eingezeichnet sind (siehe Vorlage auf Seite 76/77).
Dieses Papier nennt man Tischdecke (oder engl. *Placemat*).

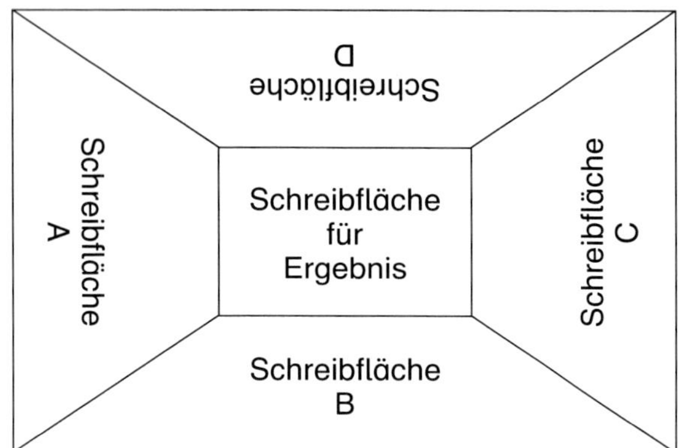

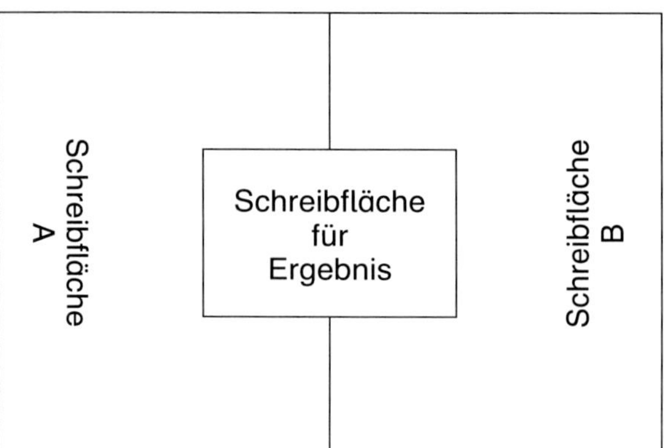

So funktioniert die *Placemat*-Methode:

1. Alle notieren auf ihrem Feld, was sie zu der Frage wissen. Dabei wird nicht geredet.
2. Das Papier wird im Uhrzeigersinn gedreht. Jeder liest sich die Notizen des Vorgängers durch und ergänzt schriftlich seine Gedanken.
3. Der zweite Vorgang wird drei Mal wiederholt.
4. Sobald der Zettel wieder so vor jedem Kind liegt, das mit dem Schreiben an dieser Seite begonnen hat, liest sich jeder alle Notizen im eigenen Feld durch.
5. Im Gespräch wird dann entschieden, welche Wörter/Sätze in die Mitte geschrieben werden sollen. In der Mitte stehen am Ende die Gedanken, die der Ansicht der ganzen Gruppe entsprechen.
6. Abschließend präsentiert die Gruppe ihr Arbeitsergebnis.

Mögliche Fragestellungen zur Person Jesus Christus für die *Placemat*-Methode:

- Wer war Jesus Christus?
- Was weißt du über Jesus Christus? / Was denkst du über Jesus Christus?
- Was haben wir von Jesus Christus gelernt?
- Ist Jesus Christus ein Gott?
- Hat Jesus Christus heute noch Bedeutung?

Akrostichon

Der Begriff „Akrostichon“ stammt aus dem Griechischen.
„Akron“ bedeutet „das Äußerste, das Oberste“ und „stichos“ steht für „Vers, erster Buchstabe eines Verses“.

Ein Akrostichon ist ein antikes Gedicht, bei dem die Buchstaben eines Wortes senkrecht untereinander geschrieben werden. Jeder Buchstabe bildet dann den Anfang eines neuen Wortes oder Satzes. Dabei soll das neue Wort bzw. der neue Satz immer zum Thema des senkrecht geschriebenen Wortes passen.

▷ Schreibe ein Akrostichon über Jesus Christus.

„O, Jesu Nam', du klingst so süß"

Dieses Lied wurde vor sehr vielen Jahren über Jesus geschrieben.

Lies den Text laut. Warum klingt der Text manchmal komisch?

O, Jesu Nam', du klingst so süß
in jedes Gläub'gen Ohr!
Du bringst uns nah das Paradies
und hebst das Herz empor!

Verwund'te Herzen heilest du,
bist jedes Müden Kraft,
Du gibst den Schwerbelad'nen Ruh',
und Mut zur Ritterschaft.

Mein sich'rer Fels in wilder Flut,
mein einz'ger Bergungsort,
mein Schutz bei grauser Stürme Wut,
mein letzter Ruheort.

Mein Herr und König, Freund und Hirt,
mein Priester und Prophet,
mein Weg und Ziel, wenn ich verirrt,
mein Heil, sei hoch erhöht!

John Newton 1725–1807
(Übersetzer unbekannt)

- Kannst du den Liedtext in modernes Deutsch „übersetzen"?
- Kennst du noch andere Lieder über Jesus?

Der Lebenslauf von Jesus Christus

Wissenschaftler gehen davon aus, dass Jesus Christus wirklich gelebt hat.
Es gibt viele Quellen*, die das belegen. Dabei ist auch zu berücksichtigen, dass Vieles, was wir über Jesus Christus wissen, aus der Bibel stammt.
Diese Texte berichten in erster Linie über den Glauben.
Hier sind einige Fakten, die man sicher über Jesus weiß.

Jesus wurde zwischen 7 und 4 vor Christus geboren.
Jesus und seine Familie gehörten dem Judentum an.
Jesus Familie stammte aus Nazareth in Galiläa.
Jesus wurde in Bethlehem geboren.
Jesus wuchs in Nazareth auf.
Jesus hatte vier Brüder: Jakobus, Joses, Judas und Simon.
Die Namen seiner zwei Schwestern sind nicht bekannt.
Jesus Vater war Zimmermann. In damaliger Zeit lernte der Sohn häufig den Beruf seines Vaters. Vermutlich war deshalb auch Jesus Zimmermann.
Jesus trat ungefähr ab seinem 30. Lebensjahr in der Gegend um den See Genezareth als besondere Persönlichkeit auf.
Jesus wurde in Jerusalem verhaftet und zum Tode verurteilt. Die Hohen Priester warfen ihm vor, Gott zu lästern. Die römische Besatzungsmacht beschuldigte ihn, politisch für Unruhe zu sorgen.
Jesus wurde am Freitag vor Passah, einem der drei wichtigsten jüdischen Festtage, gekreuzigt.
Jesus war vermutlich nie verheiratet.

Stell dir vor, zur Zeit Jesu hätte es schon Freundschaftsbücher gegeben.
Was hätte Jesus über sich in das Buch eingetragen?

Das bin ich

Name:	
Geburtsort:	
Wohnort:	

Geburtstag:	
Traumberuf:	
Mein Motto:	

* Unter einer Quelle versteht man einen sicheren (schriftlichen) Beweis, dass z. B. jemand gelebt hat.

Jesu Lebensweg in Bildern (A)

Vor ungefähr 2000 Jahren wurde Jesus in Palästina geboren.
Im Neuen Testament der Bibel wird über das Leben Jesu berichtet.

Ordne die Sätze den Bildern zu.
Wie heißt das Lösungswort?

1 Jesus wird in Bethlehem geboren.
2 Der 12-jährige Jesus spricht mit den Gelehrten im Tempel.
3 Jesus wird von Johannes im Jordan getauft.
4 Jesus stillt einen Sturm.
5 Jesus heilt einen Blinden.
6 Jesus feiert mit seinen Jüngern das Abendmahl.
7 Jesus stirbt am Kreuz.
8 Jesus ist auferstanden.

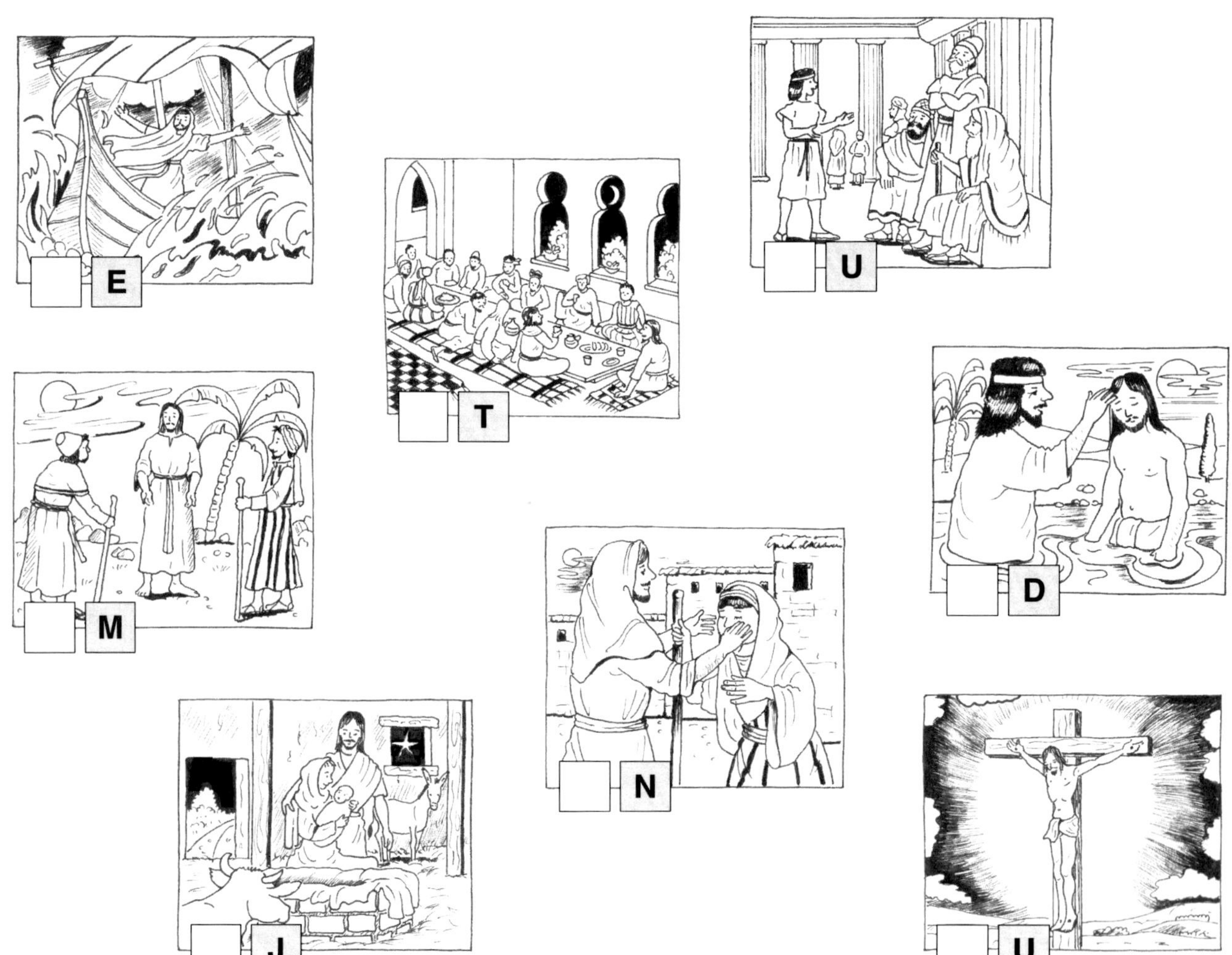

Welcher Glaubensrichtung gehörte Jesus an?

1	2	3	4	5	6	7	8

Jesu Lebensweg in Bildern (B)

Vor ungefähr 2000 Jahren wurde Jesus in Palästina geboren.
Im Neuen Testament der Bibel wird über das Leben Jesu berichtet.

- Informiere dich in der Bibel oder im Internet über Geschichten von Jesus.
- Schneide die Bilder aus und bringe sie in die richtige Reihenfolge.
  Klebe die Bilder zu einem Leporello zusammen.
  Erzähle zu jedem Bild.

Jesus als Kind

In der Bibel kannst du nur sehr wenig über Jesus als Kind lesen. Über seine Geburt weißt du etwas aus der Weihnachtsgeschichte. Hier erfährst du etwas über den 12-jährigen Jesus.

- Lies den Bibeltext.

Maria und Josef gingen jedes Jahr von ihrem Wohnort Nazareth nach Jerusalem, um dort das Passahfest im Tempel zu feiern. Dies ist das größte und wichtigste Fest für die Juden.
Als Jesus 12 Jahre alt war, durfte er das erste Mal mitgehen und er freute sich sehr. Nach fünf Tagen erreichten sie ihr Ziel. Die Stadt war voll mit Menschen, die ebenfalls in Jerusalem das Passahfest feiern wollten. Alle waren bester Stimmung und wollten in den Tempel, um ihr Opfer zu bringen. Auch Maria, Josef und Jesus gingen dorthin. Der Tempel war in verschiedene Bereiche unterteilt und als Opfergaben konnte man dort ein Lamm oder Tauben kaufen. Gelehrte erzählten den Menschen von Gott und erklärten ihnen die Gesetze. Jesus war sehr beeindruckt. Er war gern im Tempel.
Als nach einer Woche das Passahfest vorbei war, machten sich Maria und Josef gemeinsam mit Freunden auf den Rückweg nach Nazareth. Es war eine große Gruppe und deshalb fiel ihnen nicht auf, dass Jesus fehlte. Sie dachten, er wäre mit den anderen vorn in der Gruppe. Erst am Abend bemerkten sie, dass Jesus nicht da war. Sie gingen deshalb zurück nach Jerusalem. Dort fanden sie Jesus im Tempel. Er redete mit den Gelehrten und diese waren sehr beeindruckt, wie viel Jesus wusste. Maria und Josef waren froh, dass sie Jesus wiedergefunden hatten. Er aber war erstaunt, dass sie sich Sorgen gemacht hatten. „Wusstet ihr nicht, dass ich im Haus meines Vaters bin, wo mir nichts passieren kann?“, fragte er sie. Er stand schnell auf und ging mit ihnen gemeinsam nach Nazareth.

(nach LK 2, 41–52)

- Welche Aussagen sind richtig, welche sind falsch? Kreuze an.

	richtig	falsch
Maria, Josef und Jesus wohnen in Nazareth.		
Maria, Josef und Jesus wollen das Passahfest in Jerusalem feiern.		
Mit zwölf Jahren war Jesus schon mehrfach im Tempel von Jerusalem.		
Nur wenige Menschen kommen zum Passahfest nach Jerusalem.		
Der Tempel ist sehr groß und in viele Bereiche geteilt.		
Das Passahfest dauert einen Tag.		
Maria und Josef machen sich nach dem Passahfest gemeinsam mit Jesus auf den Rückweg nach Nazareth.		
Jesus bleibt nach dem Passahfest noch im Tempel und spricht mit den Gelehrten.		
Jesus nennt den Tempel in Jerusalem das „Haus seines Vaters“.		

Spielsachen zur Zeit Jesu

Spielzeug ist eine „moderne" Erfindung.
Zur Zeit Jesu gab es kaum Spielsachen für Kinder.
Einige Dinge aber sind auf Bildern oder alten Vasen zu erkennen.
Bei der hier abgebildeten Sammlung stammt Vieles nicht aus der damaligen Zeit.

▷ Überlege, welche Dinge die Kinder zur Zeit Jesu zum Spielen benutzt haben und kreise sie ein.

▶ Überlege, was mit den Spielsachen gespielt wurde.

Die Jünger Jesu

Wusstest du, dass das Wort „Jünger“ vom althochdeutschen Wort *jungiro* abstammt? Das bedeutete „Lehrling“. Wenn wir also von den Jüngern Jesu sprechen, dann sind dies sozusagen die „Lehrlinge Jesu“.

Im Neuen Testament werden all diejenigen Menschen als Jünger bezeichnet, die Jesus und seinem Handeln nachfolgen. Insgesamt wird von 70 bzw. 72 Jüngern gesprochen. (Lukas 10, 1)

Unter den 70 bzw. 72 Jüngern waren nicht nur Männer, sondern auch Frauen. In der Bibel wird Tabita mit Namen erwähnt. Man zählt aber auch Maria Magdalena, Susanna sowie die Schwestern des Lazarus, Maria und Martha, zu den weiblichen Jüngern Jesu.

Alle Jünger verbindet, dass sie die Ideen, die Jesus vertrat, weiter verbreiteten. Einige von ihnen lebten sehr eng mit und bei Jesus. Das sind die zwölf Jünger, die auch auf sehr vielen Bildern mit Jesus gemeinsam abgebildet werden. Andere von ihnen sind erst nach Jesus Tod und Auferstehung den Menschen aufgefallen. Sie haben Jesus Lehren weiterverbreitet.

▷ Was bedeutet es, ein „Lehrling“ zu sein?

▷ Was haben die Jünger Jesu gelernt?

▶ Überlege: Gibt es heute auch noch Jünger?

Jesus und seine Jünger (A)

In den Evangelien der Bibel und in den Apostelgeschichten steht, dass Jesus von zwölf Jüngern begleitet wurde. Man nennt sie auch die zwölf Apostel oder „Die Zwölf“. Das Wort „Apostel“ stammt aus dem Griechischen und bedeutet wörtlich „Gesandter“. Jesus Christus wählte seine Apostel selbst aus.

▷ Findest du die Namen der zwölf Apostel im Suchsel?
Hinweis: Ein Name kommt doppelt vor.

P	F	J	A	K	O	B	U	S	N	C	B
E	G	O	R	E	L	J	C	E	D	Ä	F
T	H	A	D	D	Ä	U	S	F	M	D	G
R	H	P	S	F	M	D	D	G	A	E	H
U	I	A	T	G	N	A	J	H	T	F	I
S	J	N	U	H	T	S	A	I	T	G	K
A	K	D	A	I	H	O	K	J	H	I	L
B	A	R	T	H	O	L	O	M	Ä	U	S
Ä	L	E	B	J	M	P	B	K	U	K	I
C	M	A	C	K	A	R	U	L	S	J	M
D	N	S	D	Ä	S	T	S	M	A	L	O
E	J	O	H	A	N	N	E	S	B	C	N
P	H	I	L	I	P	P	U	S	Ä	K	M

▶ Was weißt du über den Jünger Judas? Berichte.

▶ Kennst du Geschichten über die Jünger, die Jesus begleitet haben? Erzähle.

Jesus und seine Jünger (B)

In den Evangelien der Bibel und in den Apostelgeschichten steht, dass Jesus von zwölf Jüngern begleitet wurde. Man nennt sie auch die zwölf Apostel oder „Die Zwölf". Das Wort „Apostel" stammt aus dem Griechischen und bedeutet wörtlich „Gesandter". Jesus Christus wählte seine Apostel selbst aus.

- Lies den Bibeltext.

Jesus fing erst an, von Gott zu erzählen, als er ungefähr 30 Jahre alt war. Er predigte zuerst in der Nähe vom See Genezareth. Immer wenn er redete, kamen viele Leute, um ihm zuzuhören. Er hatte in Kafarnaum Kranke geheilt und nun wollten alle den Mann sehen, der das vollbracht hatte. Jesus brauchte deshalb Männer, die ihm bei der Arbeit halfen und ihn unterstützten.
Als er eines Tages am See entlangwanderte, sah er einige Fischer. Er schaute ihnen bei der Arbeit zu und sagte dann zu zwei Fischern: „Ihr zwei, kommt mit. Folgt mir und ihr werdet noch viel größere Fische fangen." Die zwei Fischer waren Brüder, Simon und Andreas. Sie ließen ihre Netze fallen und gingen mit Jesus mit. Kurz darauf trafen sie auf Jakobus und Johannes. Sie flickten gerade ihre Netze. Auch zu ihnen sagte Jesus: „Kommt und folgt mir. Dann werdet ihr noch viel größere Fische fangen." Auch Jakobus und Johannes gingen mit Jesus mit und verkündeten die Frohe Botschaft. Insgesamt wählte Jesus zwölf Männer aus.

(nach Mk 1, 16–20/3,13–19 und Lk 5, 1–11/6, 12–16)

- Was meint Jesus, wenn er zu den Fischern sagt: „Ihr werdet noch viel größere Fische fangen"?

____

____

____

- Recherchiere im Internet, in der Bibel oder in der Bücherei, wie die zwölf Jünger heißen, die Jesus begleiteten.

____

____

____

- Wie hättest du dich wohl verhalten, wenn Jesus dich aufgefordert hätte, ihm zu folgen? Notiere deine Gedanken.

____

____

____

Menschen auf Jesu Spuren (A)

Jesus verkündete die Liebe Gottes zu den Menschen.
Genau wie Gott alle Menschen liebt,
soll auch der Mensch seine Mitmenschen lieben.
Jesus lebte in seinen Worten und Taten diese Nächstenliebe vor.
Es gibt Christen, die in ihrem Leben auf besondere Weise versuchen,
Jesu Spuren zu folgen.

Albert Schweitzer
(1875–1965)

Mutter Teresa
(1910–1997)

Martin Luther King
(1929–1968)

Elisabeth von Thüringen
(1207–1231)

Dietrich Bonhoeffer
(1906–1945)

ⓓ Kennst du eine der Personen? Erzähle, was du über sie weißt.

● Recherchiere über eine der abgebildeten Personen im Internet oder in der Bücherei. Was kannst du berichten?

Menschen auf Jesu Spuren (B)

Gruppenpuzzle

Beim Gruppenpuzzle (auch Jigsaw-Methode) wird in folgender Weise gearbeitet:

1. Es werden Gruppen gebildet. Dabei richtet sich die Gruppengröße nach der Anzahl der Teilaufgaben der Gruppenarbeit.
2. Jedes Gruppenmitglied erhält eine Teilaufgabe. Es wird damit zum „Experten“ der Aufgabe.
3. Die Experten treffen sich und tauschen sich über die Teilaufgabe aus.
4. Anschließend geht jeder Experte in seine „Stammgruppe“ zurück. Gemeinsam wird die Gesamtaufgabe in der Gruppe gelöst.
5. Am Ende weiß jeder über alle Teilaufgaben Bescheid.

Gruppenpuzzle: Menschen auf Jesu Spuren (Auswertung der Gruppenarbeit)

	Albert Schweitzer	Mutter Teresa	Martin Luther King	Elisabeth von Thüringen	Dietrich Bonhoeffer
Wann lebte sie/er?					
Wo lebte sie/er?					
Was machte sie/er Besonderes?					
Inwieweit folgte sie/er Jesus nach?					

Albert Schweitzer

Lies den Text sorgfältig durch.

Albert Schweitzer wurde am 14.01.1875 in Kaysersberg (heute Frankreich) geboren. Nach der Schule studierte er Philosophie und evangelische Theologie. Außerdem interessierte er sich sehr für das Orgelspielen und studierte deshalb auch Orgel. Sein größter Traum war es, als Missionsarzt zu arbeiten. Deshalb studierte er zusätzlich Medizin, auch wenn er bereits einen Doktortitel in Philosophie und evangelischer Theologie hatte und Professor an der Universität in Straßburg war. 1913 eröffnete er in Lambaréné (im heutigen Gabun) in Afrika sein berühmtes Urwaldkrankenhaus und half hier vielen Menschen. Nach Ausbruch des 1. Weltkriegs durfte er als Deutscher in der französischen Kolonie, in der sein Krankenhaus lag, nicht weiterarbeiten. Erst 1924 konnte er dorthin zurückkehren. Er kümmerte sich aber nicht nur um die Kranken in Afrika, sondern rief immer wieder zum Frieden auf. Ganz besonders stark setzte er sich gegen Atomwaffen ein. Für seine Arbeit als Friedensstifter erhielt er 1952 den Friedensnobelpreis. Albert Schweitzer starb am 04.09.1965 in Lambaréné (Gabun).

Mutter Teresa

Lies den Text sorgfältig durch.

Mutter Teresa wurde als Agnes Gonxha Bojaxhiu am 26.08.1910 in Üsküb (heute Skopje, Mazedonien) geboren. Bereits als Zwölfjährige wusste sie, dass sie Nonne werden wollte.
Mit 18 Jahren trat Agnes Gonxha Bojaxhiu dem Orden der Loretoschwestern bei, der sich besonders stark in Indien darum kümmert, dass arme Kinder eine Schulbildung bekommen. Seit 1930 hieß sie Mutter Teresa. Zunächst arbeitete sie in dem Orden als Lehrerin, später war sie Direktorin.
Mutter Teresa fragte sich immer wieder, wie es angesichts des Elends, das sie in Kalkutta sah, einen Gott geben könne. Ihre Zweifel schrieb sie in einem Tagebuch auf. 1946 nannte sie das Jahr ihrer „göttlichen Berufung". Sie hatte bei einer Fahrt durch Kalkutta die Eingabe, dass Jesus sie aufforderte, alles aufzugeben und mit den Armen in den Slums zu leben. Mutter Teresa verließ daraufhin den Orden und kümmerte sich um die Ärmsten der Armen, insbesondere um die Leprakranken. 1948 nahm sie die indische Staatsbürgerschaft an und gründete 1950 den Orden „Missionarinnen der Nächstenliebe". Die Mitglieder des Ordens betreuten Sterbende, Kranke und Waisen.
1979 erhielt sie den Friedensnobelpreis für ihr soziales Engagement. Mutter Teresa starb am 05.09.1997 in Kalkutta. Sie wurde im Jahr 2003 heiliggesprochen.

Elisabeth von Thüringen

Lies den Text sorgfältig durch.

Elisabeth von Thüringen, die auch Elisabeth von Ungarn genannt wird, ist eine Heilige der katholischen Kirche. Außerdem ist sie Namenspatronin von vielen Krankenhäusern (Elisabeth-Krankenhaus).

Elisabeth wurde am 07.07.1207 in Ungarn geboren und schon als Baby mit dem Landgraf von Thüringen verlobt. Als vierjähriges Mädchen musste sie bereits an den thüringischen Hof umziehen.

Elisabeth sah sich selbst als „Schülerin Gottes" und kümmerte sich um die Armen, Kranken und Waisen, die in der Nähe des Hofes lebten. Das war in der damaligen Zeit für eine Adlige sehr ungewöhnlich.
Als ihr Ehemann starb, verließ sie den Hof und lebte als einfache und arme Krankenschwester in einem Hospital in Marburg, das sie selbst gegründet hatte. Elisabeth starb am 17.11.1231. Vier Jahre nach ihrem Tod wurde sie vom damaligen Papst heilig gesprochen.

Martin Luther King Jr.

Lies den Text sorgfältig durch.

Martin Luther King wurde am 15.01.1929 in Atlanta, Georgia (USA), als Michael King jr. geboren. Martin Luther King jr. erlebte in seiner Kindheit und Jugend, dass er als schwarzer Junge nicht dieselben Rechte hatte und Dinge machen konnte wie seine weißen Freunde. 1944 begann er mit seinem Studium am *Morehouse College*, der einzigen Hochschule für Schwarze im Süden der USA. Hier begann er, sich intensiv mit dem Thema der Rassentrennung zu beschäftigen.
Martin Luther King jr. hatte ein besonderes Talent, Reden zu halten. Er wurde Baptistenprediger. In dieser Rolle, vor allem aber wegen seines großen Engagements in der amerikanischen Bürgerrechtsbewegung, erlangte er große Aufmerksamkeit. Er forderte zum zivilen Ungehorsam auf, d. h. Widerstand gegen Herrschende, ohne dabei Gewalt einzusetzen.
Wegen seines Verhaltens und wegen seiner Reden wurde er oft bedroht. Am Ende aber gelang es ihm, dass die Rassentrennung in den USA aufgehoben wurde und schwarze Menschen in den Südstaaten der USA das Wahlrecht erhielten. 1964 erhielt King den Friedensnobelpreis. Martin Luther King jr. wurde am 04.04.1968 Opfer eines Mordanschlags.

Dietrich Bonhoeffer

Ⓓ Lies den Text sorgfältig durch.

Dietrich Bonhoeffer wurde am 04.02.1906 in Breslau (heute Polen) geboren. Er hatte neben seiner Zwillingsschwester noch sechs weitere Geschwister und war das sechste von insgesamt acht Kindern. Sein Vater war Psychiater und Nervenarzt, seine Mutter war Lehrerin. Nach dem Abitur in Berlin studierte Bonhoeffer evangelische Theologie. Nach Aufenthalten in Rom, Barcelona und New York lehrte er dann 1931 an der Universität in Berlin. Das Besondere an seinen Seminaren und Vorlesungen war, dass diese immer mit einem Gebet begannen.
Bonhoeffer setzte sich als Pfarrer vom Beginn der Machtergreifung der Nationalsozialisten für die Juden ein und versuchte, auch im Ausland Aufmerksamkeit für deren Rolle in Deutschland zu bekommen. Bonhoeffer war die Bedeutung über die Nachfolge Jesu sehr wichtig. Er versuchte, die Übereinstimmung von Glauben und Handeln aktiv zu leben. Ab 1938 war er im Widerstand gegen den Nationalsozialismus aktiv. Er erhielt 1940 Redeverbot und 1941 Schreibverbot. 1943 wurde er verhaftet und am 9. April 1945 hingerichtet.

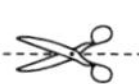

Menschen auf Jesu Spuren (Auswertung der Einzelarbeit)

Ⓓ Beantworte die Fragen und trage die Antworten in die Tabelle ein.

Name	
Lebenszeit	
Wann lebte sie/er?	
Wo lebte sie/er?	
Was machte sie/er Besonderes?	
Inwieweit folgte sie/er Jesus nach?	

Palästina – Auf Jesu Spuren

Vor ungefähr 2000 Jahren wurde Jesus in Palästina geboren.
Im Neuen Testament der Bibel wird über das Leben Jesu berichtet.

Ⓓ Wenn du die Fotos den Sätzen zuordnest, weißt du, wie der Fluss heißt, in dem Jesus getauft wurde.

1 Jesus lebte als Kind mit seinen Eltern in Nazareth.

2 Als Zwölfjähriger besuchte Jesus zum ersten Mal den Tempel in Jerusalem.

3 Am See Genezareth traf er seine Jünger.

4 In Palästina sah man auch früher schon viele Olivenbäume.

5 Das Öl wurde nicht nur als Speiseöl, sondern auch als Medizin sowie als Lampenöl genutzt.

6 Der Berg Sinai liegt in der Negev-Wüste.

☐ O

☐ A

☐ N

☐ D

☐ J

☐ R

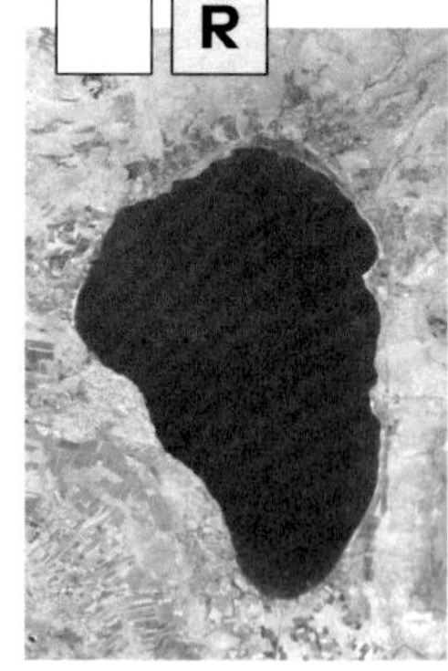

Jesus wurde in einem Fluss getauft. Er heißt

1	2	3	4	5	6

Jesu Weg durch Palästina (A)

Ⓓ Erkennst du die Städte- und Ländernamen in der Wörterschlange? Trenne die Wörter mit einem senkrechten Strich.

Ⓓ Wenn du die Namen auf der Landkarte nacheinander verbindest, siehst du, welchen Weg Jesus gegangen ist.

N A Z A R E T H B E T H L E H E M Ä G Y P T E N N A Z A R E T H J E R U S A L E M S E E G E N E Z A R E T H K A F A R N A U M J E R I C H O

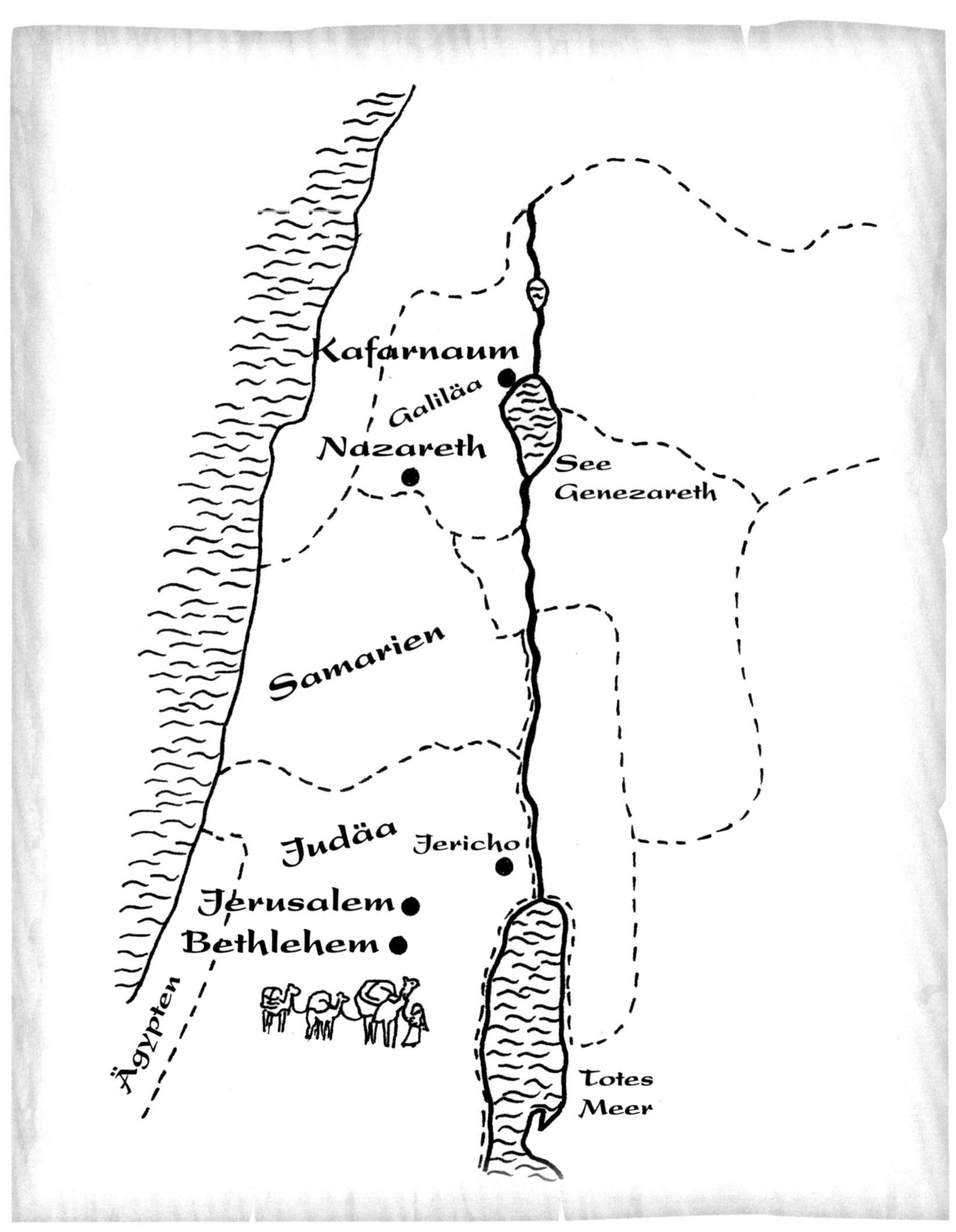

Jesu Weg durch Palästina (B)

- Lies den Text und fülle die Lücken aus.
- Wenn du die Städte- und Ländernamen auf der Landkarte nacheinander verbindest, siehst du, welchen Weg Jesus gegangen ist.

Maria und Josef lebten in N____________________.
Sie mussten nach B____________________, um sich dort zählen zu lassen.
Hier wurde Jesus geboren. Weil König Herodes Jesus töten lassen wollte, flohen Maria und Josef mit ihm nach Ä________________. Später gingen sie nach Nazareth zurück. Mit zwölf Jahren besuchte Jesus zum ersten Mal den Tempel in J____________________. Jerusalem war die Hauptstadt. Jesus war schon fast 30 Jahre alt, als er seine zwölf Jünger in der Nähe des S___ G___________________ fand.
Mit ihnen ging er von Ort zu Ort, auch nach K____________________, wo er den Zöllner Levi traf. Hier lehrte er seinen Jüngern auch das Vaterunser.
Jesus legte große Entfernungen zurück. Er war z. B. auch in J____________________, das in der Nähe des Toten Meers liegt. Hier traf er den Zöllner Zachäus.

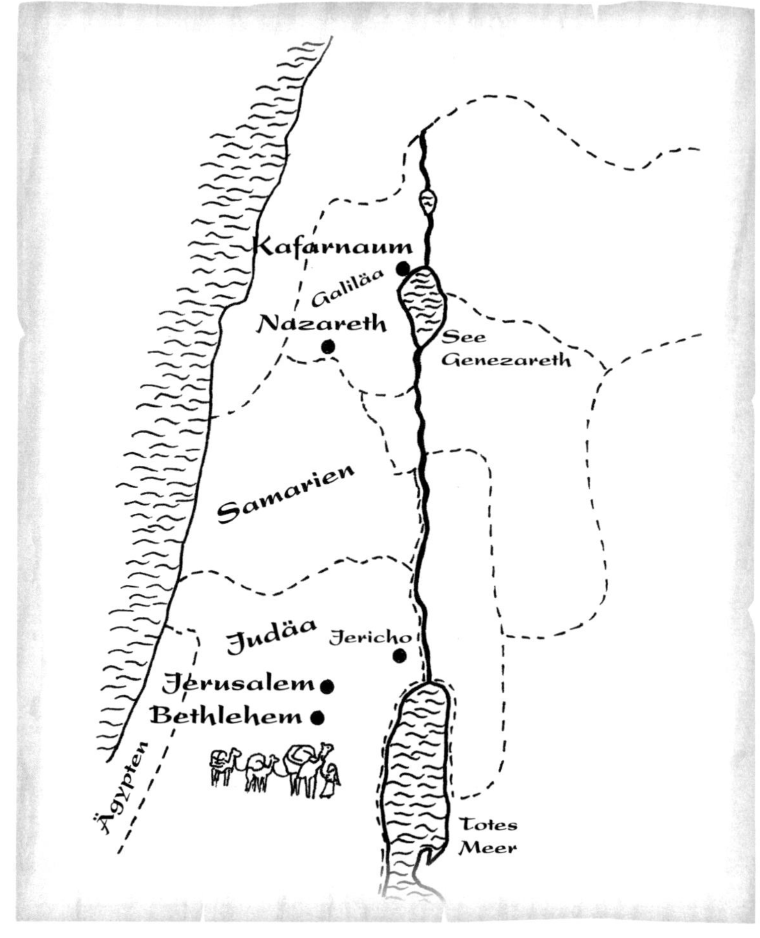

Kirstin Jebautzke, Ute Klein: Lernstationen Religion: Jesus

„Sage, wo ist Bethlehem?“

Sage, wo ist Bethlehem?
Wo die Krippe? Wo der Stall?
Musst nur gehen, musst nur sehen –
Bethlehem ist überall.

Sage, wo ist Bethlehem?
Komm doch mit, ich zeig es dir!
Musst nur gehen, musst nur sehen –
Bethlehem ist jetzt und hier.

Sage, wo ist Bethlehem?
Liegt es tausend Jahre weit?
Musst nur gehen, musst nur sehen –
Bethlehem ist jederzeit.

Sage, wo ist Bethlehem?
Wo die Krippe? Wo der Stall?
Musst nur gehen, musst nur sehen –
Bethlehem ist überall.

Rudolf Otto Wiemer 1905–1998

- ▷ Der Dichter sagt, dass Bethlehem überall und jederzeit ist. Was meint er damit?
- ▷ Lege eine Mindmap zu Bethlehem an. Präsentiere das Schaubild in der Klasse.
- ▶ Was weißt du über Bethlehem? Erzähle.
- ▶ Gibt es für dich einen Ort, der sich so anfühlt, als ob du in Bethlehem wärst? Was macht diesen Ort so besonders? Berichte.

Städte-Domino

Schneide die Karten aus. Lege dann das Domino zusammen.

START	Jerusalem
Jesus besuchte hier als Zwölfjähriger den Tempel.	Nazareth
Hier wuchs Jesus auf.	Kafarnaum
Dies ist ein Fischerort in der Nähe des See Genezareth, wo Jesus eine zeitlang lebte und den Zöllner Levi traf.	Bethlehem
Hier wurde Jesus geboren.	Jericho
Dies ist eine Stadt in der Nähe des Roten Meeres.	Golgota
Auf diesem Hügel wurde Jesus gekreuzigt.	Kana
Hier hat Jesus auf einer Hochzeitsfeier Wasser in Wein verwandelt.	ENDE

Städte in Palästina (Texte)

Jesus lebte in Palästina. In der Bibel wird von verschiedenen Städten und Orten berichtet, an denen sich Jesus aufhielt. Auch durch diese Textquellen bekommen wir einen Eindruck, wie das Leben dort damals aussah.

Nazareth
Nazareth war zur Zeit Jesu eine kleine Stadt.
Sie liegt in den Hügeln von Galiläa.
Maria und Jesus lebten hier. Nach der Geburt Jesu in Jerusalem
konnten sie nicht sofort in ihre Heimatstadt zurückkehren,
weil sie vor König Herodes flüchten mussten.
Sie kehrten aber später zurück und Jesus verbrachte
seine Kindheit und Jugend in Nazareth.
Man geht davon aus, dass Jesus Schwestern und Brüder hatte
und von seinem Vater das Handwerk des Zimmermanns erlernte.

Bethlehem
Bethlehem war zur Zeit Jesu eine kleine Stadt in der Nähe von Jerusalem.
In der Gegend um Bethlehem lebten damals viele Hirten.
Im Gegensatz zu den Stadtbewohnern hatten sie kein großes Ansehen.
Sie waren arme Leute.
Bethlehem wird auch die Stadt Davids genannt, weil hier König David
als Hirtenjunge aufgewachsen war. Bethlehem ist der Geburtsort Jesu.

Jerusalem
Jerusalem war zur Zeit Jesu von den Römern besetzt.
Sie lag im Süden des Landes.
Die Stadt war sehr reich. Im Zentrum befand sich ein großer Tempel.
Es gab viele prächtige Häuser und Paläste und viele Menschen,
die hier lebten, waren reich. Auch viele Priester und Gelehrte lebten hier.
Viele Menschen kamen nach Jerusalem, um wichtige jüdische Feste und
Gottesdienste zu feiern.

Kafarnaum
Kafarnaum ist ein Fischerdorf im Norden und grenzt unmittelbar
an den See Genezareth. Mit 20 km Länge und 12 km Breite ist es
ein sehr großer See. Durch ihn fließt der Jordan.
In und um Kafarnaum lebten zur Zeit Jesu viele Fischer.
Auch Jesus selbst soll hier gelebt haben,
nachdem er aus Nazareth weggegangen war.

Jericho
Jericho ist eine Oase und liegt mitten in der Wüste nördlich vom Toten Meer.
Es ist eine der ältesten Städte der Welt. Aufgrund einer Quelle haben
die Menschen in Jericho Wasser, ohne das kein Leben hier möglich wäre.
Viele von ihnen sind „Bauern“ und bauen Pflanzen an oder kümmern sich
um die Tiere. Jericho wird auch als Palmenstadt bezeichnet,
weil hier so viel Palmen wachsen.

Städte in Palästina (A)

Lies die Texte und fülle dann die Tabelle aus.

	Lage	Aussehen	Wer wohnte hier?	Sonstiges
Nazareth				
Bethlehem				
Jerusalem				
Kafarnaum				
Jericho				

Städte in Palästina (B)

▷ Lies die Texte und trage dann die Namen der Städte in die Karte ein.

▶ Informiere dich noch genauer über eine Stadt
im Internet und/oder in der Bibliothek.
Erstelle ein Poster und präsentiere es in der Klasse.

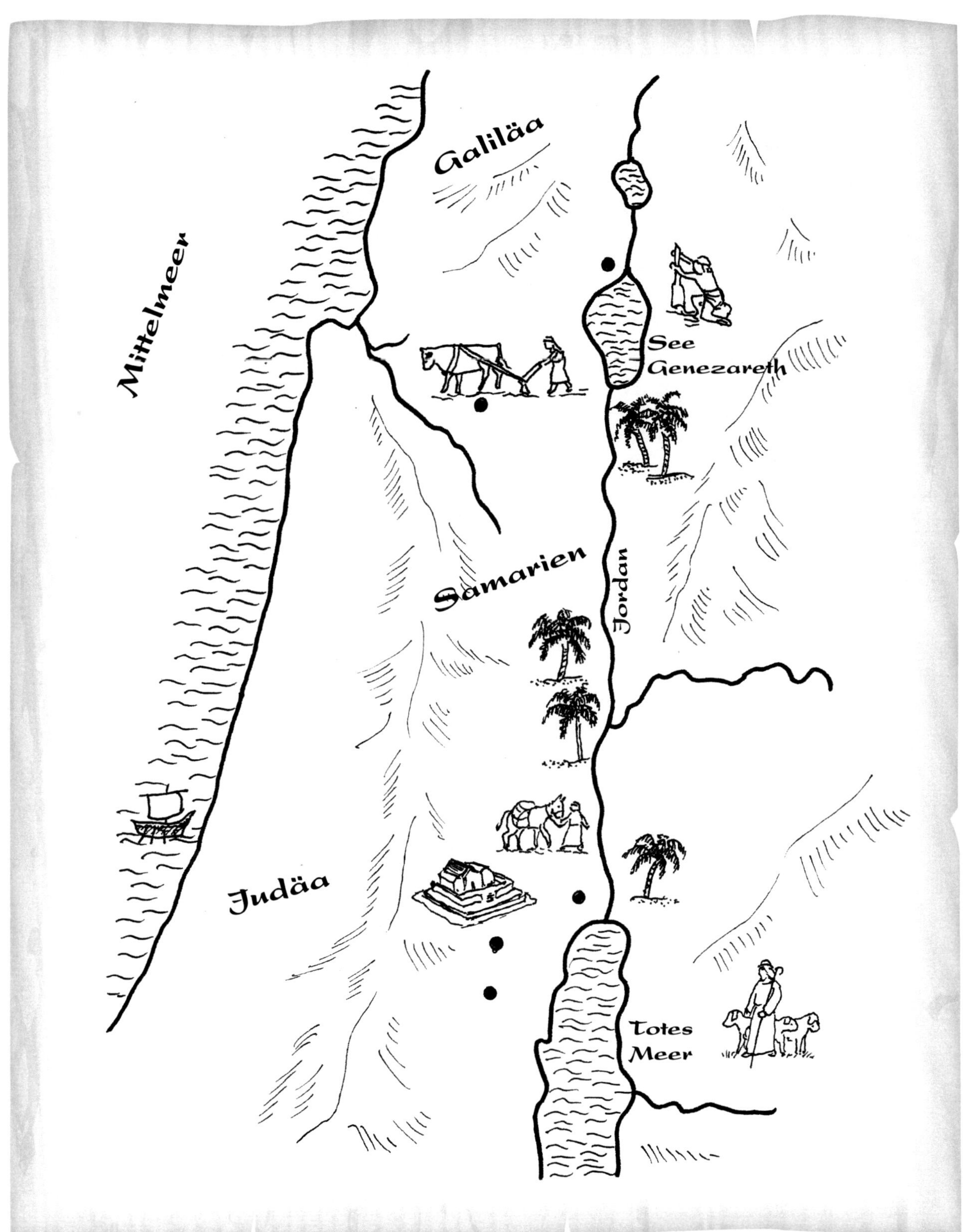

Städte in Palästina (C)

Lies die Texte und dann die Bibelstellen.
Wenn du die Bibeltexte in die gleiche Reihenfolge bringst wie die Texte über die Städte, erhältst du das Lösungswort.

L

Als Jesus Jericho gefolgt von seinen Jüngern und einer großen Menschenmenge verließ, saß da am Straßenrand ein Blinder und bettelte. Als der Blinde hörte, dass es Jesus von Nazareth war, der da vorbeikam, fing er an, laut zu rufen: „Jesus, Sohn Davids! Hab Erbarmen mit mir!" Viele fuhren ihn an, er solle still sein. Aber er schrie nur noch lauter: „Sohn Davids, hab Erbarmen mit mir!" Da blieb Jesus stehen und sagte: „Ruft ihn her!" Einige liefen zu dem Blinden hin und sagten zu ihm: „Fasse Mut, steh auf! Jesus ruft dich!" Da warf der Blinde seinen Mantel ab, sprang auf und kam zu Jesus. „Was willst du?" fragte Jesus. „Was soll ich für dich tun?" Der Blinde sagte: „Mein Herr und Meister, ich möchte wieder sehen können!" Jesus antwortete: „Geh nur, dein Vertrauen hat dir geholfen!" Im gleichen Augenblick konnte er sehen und folgte Jesus auf seinem Weg.

Markus 10, 46–52

E

Und er kam nach Kafarnaum, in die Stadt Galiläas, und lehrte sie am Sabbat. Und sie verwunderten sich seiner Lehre; denn seine Rede war gewaltig (...)
Und er stand auf aus der Schule und kam in Simons Haus. Und Simons Schwiegermutter war mit einem harten Fieber behaftet; und sie baten ihn für sie. Und er trat zu ihr und gebot dem Fieber, und es verließ sie. Und alsbald stand sie auf und diente ihnen.

Lukas 4, 31–39

B

Jesus zog weiter nach Jerusalem, um dort das Passahfest zu feiern. Am Ölberg schickte er zwei seiner Jünger los, einen Esel zu holen. Wenn sie gefragt werden sollten, für wen der Esel sei, so sollten sie antworten: „Der Herr braucht ihn." Die Jünger holten den Esel. Sie wurden gefragt und antworteten: „Der Herr braucht ihn." Die Jünger legten Kleider auf den Esel und ließen Jesus aufsteigen. Als Jesus dann an die Stelle kam, wo der Weg den Ölberg hinunterführt nach Jerusalem, brach die ganze Menge der Jünger, die Männer und Frauen, in lauten Jubel aus. Sie priesen Gott für all die Wunder, die sie miterlebt hatten. Sie riefen: „Heil dem König, der im Auftrag des Herrn kommt!" Ein paar Pharisäer riefen aus der Menge: „Lehrer, bring doch deine Jünger zur Vernunft!" Jesus antwortete: „Ich sage euch, wenn sie schweigen, dann werden die Steine schreien!"

Lukas 19, 29–40

BI

Es begab sich aber zur der Zeit, dass ein Gebot von dem Kaiser Augustus ausging, dass alle Welt geschätzt würde. (...) Da machte sich auf auch Josef aus Galiläa, aus der Stadt Nazareth, in das jüdische Land zur Stadt Davids, die da heißt Bethlehem, (...) damit er sich schätzen ließe mit Maria, seinem vertrauten Weibe; die war schwanger. Und als sie dort waren, kam die Zeit, dass sie gebären sollte. Und sie gebar ihren ersten Sohn und wickelte ihn in Windeln und legte ihn in eine Krippe; denn sie hatten sonst keinen Raum in der Herberge. Und es waren Hirten in derselben Gegend auf dem Felde bei den Hürden, die hüteten des Nachts ihre Herde. Und der Engel des Herrn trat zu ihnen (...)

Lukas 2, 1–20

Haus zur Zeit Jesu

▷ Lies den Text und markiere die wichtigsten Aussagen über das Haus.

Die Häuser sahen aus wie ein großer Würfel.
Sie bestanden meist nur aus einem Raum und waren sehr einfach.
Der Boden bestand aus gestampftem Lehm.
Die Wände wurden aus luftgetrockneten Lehmziegeln auf die Grundmauern gesetzt, die häufig aus Feldsteinen bestanden.
Fenster gab es nur wenige, damit es im Inneren schön kühl blieb.
Vor den Fenstern hingen Vorhänge, Glas gab es damals dafür noch nicht.
Das flache Dach bestand aus mehreren Schichten. Unten waren Holzbalken, darüber wurden Äste und dann Palmblätter gelegt. Alles wurde zum Schluss mit Lehm abgedichtet, um das Einsickern von Regenwasser zu verhindern.
Das Dach musste jedes Jahr neu abgedichtet werden.

Im Hausinneren gab es zwei Ebenen. Der tiefergelegene Bereich war für Vorräte und Arbeitsgeräte. Die Lebensmittel wurden in Säcken aufgehängt, damit sie nicht von den Mäusen aufgefressen wurden.
Im Winter schliefen hier auch die Ziegen, Schafe oder Hühner.

Die obere Ebene war der Wohn-, Ess- und Schlafraum. Hier lebten alle Menschen in einem Raum zusammen. Es gab nicht viele Einrichtungsgegenstände: Strohmatten oder Teppiche, Stühle und einen Tisch. Den ganzen Tag über brannte eine Öllampe, weil es sehr dunkel im Haus war.

Am Abend hielten sich die Hausbewohner gern auf dem Dach auf. Eine Treppe führte an der Seite des Hauses nach oben. Auf dem Dach wurde die Wäsche getrocknet, aber auch Obst und Getreide.

Die Häuser standen sehr eng nebeneinander. Das bot Schutz und spendete Schatten für das Nachbarhaus.

Extra:

Fertige aus Salzteig ein ähnliches Haus an und male es dann an.

(Tipp: Das Haus kann quasi aus einem „Klumpen“ geformt werden, die Balustrade kann mit Zahnstochern oder Streichhölzern in den Teig gedrückt werden.)

Jesus als Zwölfjähriger im Tempel (1)

▷ Überlege, worüber Jesus mit den Gelehrten und Priestern im Tempel gesprochen haben könnte.

▷ Male das Bild aus.

Jesus als Zwölfjähriger im Tempel (2)

- Lies dir den Bibeltext durch.
- Stelle die Situation in einem Rollenspiel dar.
- Überlege, wie sich Maria und Josef gefühlt haben, als sie bemerkten, dass Jesus verschwunden war. Wie war ihre Reaktion, als sie ihn im Tempel wiederfanden?

Maria und Josef gingen jedes Jahr nach Jerusalem, um dort das Passahfest zu feiern. Dies ist das größte und wichtigste Fest der Juden, bei dem an den Auszug der Israeliten aus Ägypten und damit dem Ende der Sklaverei gedacht wird.

Als Jesus 12 Jahre alt war, durfte er zum ersten Mal mit ihnen mitgehen.

Als das Fest nach einigen Tagen vorbei war, machten sich Maria und Josef wieder auf den Heimweg nach Nazareth. Jesus war nicht bei ihnen. Sie aber dachten, dass er bereits mit Freunden vorangegangen war, und zogen los. Am Abend fanden sie ihn auch nach einer langen Suche nicht. Deshalb gingen Maria und Josef zurück nach Jerusalem, um Jesus dort zu suchen. Nach drei Tagen fanden sie ihn endlich im Tempel. Er saß bei den Gelehrten und Predigern, sprach mit ihnen und stellte ihnen Fragen. Sie waren sehr angetan, wie vernünftig sie mit Jesus reden konnten. Jesus Mutter war ganz aufgeregt, als sie Jesus sah. Sie schimpfte vorwurfsvoll: „Jesus, wie konntest du uns nur solche Angst einjagen? Wir haben dich seit drei Tagen überall gesucht!" Jesus wunderte sich über die Sorgen seiner Mutter.

Er antwortete: „Warum habt ihr mich gesucht? Ich musste doch hier sein – hier im Haus meines Vaters." Er stand auf und ging mit Maria und Josef zurück nach Nazareth. Dort lebte er, wuchs heran und war sehr gehorsam. Maria merkte sich die Worte des Jungen, sprach aber nicht wieder darüber.

Wie ist Gott? (A)

Die Menschen wollten von Jesus wissen, wie Gott ist.
Jesus sagte über Gott:

„Gott ist wie ein guter Vater“ | „Gott ist wie ein guter Hirte“ | „Gott ist wie ein König“

Ordne die Adjektive den Aussagen über Gott zu. Ziehe Verbindungslinien.

gnädig

herrschend

„Gott ist wie ein guter Vater“

freundlich

gerecht

schützend

mächtig

„Gott ist wie ein guter Hirte“

liebevoll

behütend

regelnd

gütig

„Gott ist wie ein König“

vergebend

großzügig

Findest du weitere Adjektive, mit denen Gott beschrieben werden kann?

____

____

Wie ist Gott? (B)

Die Menschen wollten von Jesus wissen, wie Gott ist.
In der Bibel stehen verschiedene Geschichten, in denen Jesus von Gott erzählt.

▷ Lies die beiden Texte und finde heraus, womit Gott dort verglichen wird.

Ein Hirte hatte hundert Schafe. Er konnte alle seine Schafe bei ihrem Namen rufen und sorgte sich um jedes einzelne. Auch die Schafe wussten genau, wer ihr Hirte war, und hörten auf seine Stimme. Der Hirte kümmerte sich gut um seine Herde und hielt seine Schafe selbst in schwierigem Gelände immer dicht bei sich zusammen. Doch eines Tages verlor ein Schaf den Anschluss an die Herde und verirrte sich. Als der Hirte abends beim Zählen der Herde merkte, dass ihm eines seiner Schafe fehlte, da ließ er die 99 Schafe zurück und machte sich sofort auf die Suche nach dem verirrten Schaf. Als er es endlich gefunden hatte, da nahm er es auf seine Schultern, trug es nach Hause und rief allen fröhlich zu: „Freut euch mit mir! Mein Schaf war verloren und ich habe es wiedergefunden!“ (nach Lukas 15, 4–6)

Gott ist wie ______________________________

Petrus fragte Jesus: „Wie soll ich mich verhalten, wenn mir jemand Unrecht tut?“ Als Antwort erzählte Jesus ihm die Geschichte vom ungerechten Verwalter: Ein König hatte viele Verwalter, die sich um seinen Besitz und sein Geld kümmerten. Einer seiner Verwalter hatte schlecht gewirtschaftet, sodass er ihm schließlich zehntausend Pfund schuldete. Der König befahl, den Mann und seine Familie zu verkaufen. Als der Verwalter sich vor ihm auf den Boden warf und um Verzeihung bat, hatte der König Mitleid mit ihm und erließ ihm alle Schulden. Der in Freiheit entlassene Verwalter traf nun auf einen seiner Kollegen, der ihm einhundert Pfund schuldete. Er packte ihn und verlangte sofort sein Geld. Der Schuldner bat um Aufschub, da er das Geld nicht hatte. Doch der Verwalter ließ nicht mit sich reden und warf ihn sofort ins Schuldnergefängnis. Andere Verwalter beobachteten dieses Verhalten und berichteten es empört dem König. Sofort ließ der König den Verwalter zu sich holen und sprach zornig zu ihm: „Was bist du für ein ungerechter Mann! Ich habe dir alle Schulden erlassen, solltest du nicht genauso barmherzig gegenüber deinem Schuldner sein?“ Der König ließ den Verwalter ins Gefängnis werfen. Dort musste er bleiben, bis er alle Schulden bezahlt hatte. Jesus sprach: „Wenn ihr euern Mitmenschen nicht verzeiht, so wird euch auch mein Vater im Himmel nicht vergeben.“ (nach Matthäus 18, 21–35)

Gott ist wie ______________________________

In einer anderen Geschichte sagt Jesus über Gott: Gott ist wie ein guter Vater.

▷ Wie stellst du dir einen guten Vater vor?

____

____

Christliche Symbole (A)

Wenn etwas schwer in Worte zu fassen ist, können Bilder und Symbole helfen.
Auf den Bildern findest du christliche Symbole. Kennst du ihre Bedeutung?

▷ Schneide die Kärtchen mit den möglichen Erklärungen der Symbole aus.
Klebe sie passend neben die Bilder.

Hoffnung auf Auferstehung	Jesus, der Licht bringt	Allumfassender Gott, der vom Anfang bis zum Ende da ist	Frieden/ Heiliger Geist	Heiliger Geist
Glaube an Jesus als Retter	Kirche	Neues Leben/ Taufe	Liebe und Zuneigung	Frieden/ Verbundenheit Gottes mit den Menschen

Christliche Symbole (B)

Wenn etwas schwer in Worte zu fassen ist, können Bilder und Symbole helfen.

- Welche Symbole kennst du als christliche Symbole? Kreise ein.
- Überlege mit einem Partner, was die Symbole bedeuten könnten.

- Auch in anderen Religionen gibt es Symbole.
  Informiere dich im Internet oder in der Bücherei und berichte.
  Male die Symbole hier auf.

„Gottes Liebe ist wie die Sonne“

Jesus erzählte den Menschen von Gott und wie Gott sich eine gerechte Welt für alle Menschen vorstellt.
Damit seine Zuhörer seine Erzählungen besser verstehen konnten, verwendete Jesus oft **Vergleiche** mit etwas Bekanntem.
Die biblischen Geschichten heißen **Gleichnisse**.

▷ Womit wird die Liebe Gottes in dem Lied verglichen?

____

____

____

▷ Welche Eigenschaften der Sonne passen auch zu Gott?

▷ Gestaltet gemeinsam eine große, leuchtende Sonne. Notiert auf den Sonnenstrahlen die Eigenschaften, die ihr mit Gott verbindet.

In Vergleichen sprechen

Jesus verwendete Vergleiche und Bilder in seinen Erzählungen.
Auch in der deutschen Sprache werden häufig bildliche Vergleiche benutzt, um eine Situation zu beschreiben.

Ⓓ Erkläre, was mit den Sätzen gemeint ist.

Du bist schnell wie der Blitz.

____

Sie heulte wie eine Sirene.

____

Sie verhalten sich wie Hund und Katze.

____

Ich fühle mich wie ein Blatt im Wind.

____

Er hält die Hand über mich.

____

Immer wenn ich gelobt werde, blühe ich auf.

____

Die beiden sind wie Feuer und Wasser.

____

Du wirfst das Geld zum Fenster raus.

____

Du lebst wie die Made im Speck.

____

Ich bin munter wie ein Fisch im Wasser.

____

▶ Zwei Vergleiche sind sehr ähnlich. Welche? Erkläre.

Das Gleichnis vom barmherzigen Samariter (1)

▶ Lies das Gleichnis und erkläre es.

Es kam einmal ein Schriftgelehrter, der die Gesetze des Mose genau studiert hatte, zu Jesus und fragte ihn: „Was muss ich tun, damit ich das ewige Leben erlange und zu Gott komme?“ Jesus antwortete ihm: „Du kennst doch die Heilige Schrift. Sag du mir selber, was in den Gesetzen steht.“ Da sprach der Schriftgelehrte: „Dort heißt es, dass ich Gott von ganzem Herzen lieben soll und meinen Nächsten wie mich selbst.“ „Das ist die richtige Antwort auf deine Frage“, erwiderte Jesus, „liebe Gott und deinen Nächsten.“ „Aber wer ist denn mein Nächster, den ich gern haben soll?“, wollte der Schriftgelehrte von Jesus wissen. Als Antwort erzählte Jesus ihm diese Geschichte:
Ein Mann war einmal auf dem Weg von Jericho nach Jerusalem. Der Weg führte durch einsame Täler und tiefe Schluchten, zu beiden Seiten stiegen steile Berge auf. Plötzlich kamen Räuber aus einem Versteck hervor und überfielen den Mann. Sie stürzten sich auf ihn und rissen ihm die Kleider vom Leib. Sie raubten ihn aus und schlugen auf ihn ein. Schließlich machten sich die Räuber aus dem Staub und ließen den Mann schwer verletzt am Wegrand liegen. Als der Mann dort halbtot auf dem Boden lag, kam nach einiger Zeit ein Priester den Weg entlang. Der Verletzte hörte die Schritte des Priesters auf sich zukommen und schöpfte Hoffnung. „Bestimmt wird mir jetzt geholfen“, dachte er. Aber der Priester hatte es eilig, er wollte keine Zeit verlieren und ging schnell weiter. Nach einigen Stunden hörte der Mann wiederum Schritte näherkommen. Diesmal kam ein Levit, der im Haus Gottes als Tempeldiener arbeitete, den Weg entlang. Doch auch er kümmerte sich nicht um den schwer verletzten Mann, sondern zog weiter. Viele Stunden vergingen und der Mann wurde immer schwächer. Fast hatte er die Hoffnung auf Rettung schon aufgegeben. Da hörte er das Huftrappeln eines Esels. Auf dem Esel saß ein Mann aus Samaria. Die Samariter waren Ausländer und der verletzte Mann hatte wenig Hoffnung, dass ihm der Fremde helfen würde. Nicht einmal der Priester und der Levit hatten sich um ihn gekümmert, und die beiden gehörten zum gleichen Volk wie er. Doch zu seiner großen Überraschung blieb der Esel neben ihm stehen und der Mann aus Samaria stieg ab. „Du Armer, was ist mit dir passiert?“, rief der Samariter voller Mitleid. Er wusch die Wunden des Verletzten aus, behandelte sie mit Öl und verband sie. Vorsichtig hob er den Mann auf seinen Esel. „Halt dich an mir fest, damit du nicht herunterfällst. Wir wollen zum nächsten Gasthaus reiten!“, sprach der Samariter ihm Mut zu. Dort trug er ihn in ein Zimmer und pflegte ihn. Als der Samariter am nächsten Morgen weiterreiten musste, zog er zwei Silberstücke aus seiner Tasche und gab sie dem Wirt mit folgenden Worten: „Bitte kümmere dich um den Verwundeten, bis er wieder ganz gesund ist. Falls es mehr kostet, gebe ich dir das fehlende Geld auf dem Rückweg!“ Hier endete die Geschichte. Jesus fragte den Schriftgelehrten: „Hast du jetzt verstanden, wer von den drei vorbeiziehenden Männern dem verletzten Mann der Nächste war?“ „Das war der Samariter, der ihm geholfen hat“, antwortete der Schriftgelehrte. „Richtig, dann gehe hin und verhalte dich genauso!“, sagte Jesus.

(nach Lukas 10, 25–37)

Das Gleichnis vom barmherzigen Samariter (2)

▷ Bringe die Bilder in die richtige Reihenfolge und nummeriere sie.

▷ Suche dir jemanden, dem du das Gleichnis erzählen kannst.

Das Gleichnis vom verlorenen Schaf

- Falte das Blatt an der gestrichelten Linie, knicke es nach hinten um und lies das Gleichnis bis dahin.
- Überlege mit einem Partner, wie die Erzählung weitergehen könnte.
- Lies den zweiten Teil des Gleichnisses.

Jesus war mit vielen verschiedenen Menschen zusammen. Er machte keine Unterschiede und grenzte niemanden aus. Wenn jemand zu ihm kam, nahm er ihn freundlich auf und setzte sich mit ihm an einen Tisch. Das passte vielen Menschen nicht. Sie schimpften, dass Jesus sich mit angeblich schlechten Leuten abgab. Als Jesus das hörte, erzählte er ihnen eine Geschichte:

Ein Hirte hatte hundert Schafe. Er konnte alle seine Schafe bei ihrem Namen rufen und sorgte sich um jedes einzelne. Auch die Schafe wussten genau, wer ihr Hirte war, und hörten auf seine Stimme. Der Hirte kümmerte sich gut um seine Herde und hielt seine Schafe selbst in schwierigem Gelände immer dicht bei sich zusammen. Doch eines Tages verlor ein Schaf den Anschluss an die Herde und verirrte sich. Als der Hirte abends beim Zählen der Herde merkte, dass ihm eines seiner Schafe fehlte, da …

… ließ er die 99 Schafe zurück und machte sich sofort auf die Suche nach dem verirrten Schaf. Als er es endlich gefunden hatte, nahm er es auf seine Schultern, trug es nach Hause und rief allen fröhlich zu: „Freut euch mit mir! Mein Schaf war verloren und ich habe es wiedergefunden!"

„Gott geht es mit den Menschen wie dem Hirten mit seinem verlorenen Schaf", sagte Jesus. „Er freut sich über jeden Menschen, der zu ihm zurückkehrt, auch wenn er vom richtigen Weg abgekommen war. Deshalb setze ich mich zu den von euch verachteten Menschen und rede mit ihnen."

(nach Lukas 15, 1–7)

Das Gleichnis vom verlorenen Sohn

▶ Lies das Gleichnis und stellt es in der Gruppe als Rollenspiel dar.

Einmal erzählte Jesus den Menschen das Gleichnis vom verlorenen Sohn. Die Geschichte zeigt, wie Gott damit umgeht, wenn Menschen Fehler machen.
Ein Vater hatte zwei Söhne. Der jüngere Sohn kam eines Tages zu ihm und sprach: „Vater, ich möchte hinaus in die Welt ziehen und mein eigenes Leben führen. Dafür möchte ich jetzt mein Erbteil von dir haben.“ Der Vater war nicht glücklich über diesen Wunsch, aber er teilte seinen Besitz und zahlte dem jüngeren Sohn seine Hälfte des Erbes aus, so wie dieser es verlangt hatte.
Der jüngere Sohn packte seine Sachen und machte sich auf den Weg. Er zog in die Fremde und ließ es sich gutgehen. Mit dem Geld des Vaters führte er ein Leben in Saus und Braus. Er fand schnell viele Freunde, die gerne mit ihm rauschende Feste feierten. Der Sohn bezahlte Essen und Trinken für alle.
Doch nach einiger Zeit war das Geld des Vaters ausgegeben und er konnte keine Feste mehr feiern und sich nicht mal mehr das Nötigste zu essen kaufen. Die Freunde, die vorher immer so gern bei ihm gewesen waren, verschwanden und ließen ihn allein in seiner Not. „Was soll ich nur machen?“, fragte sich der jüngere Sohn. Er begab sich auf die Suche nach Arbeit, um überleben zu können. Bei einem Bauern klopfte er an die Tür und fragte: „Kann ich mir bei dir etwas zu essen verdienen?“ „Ich brauche einen Knecht für meine Schweine, die kannst du auf dem Acker draußen vor der Stadt hüten“, antwortete der Bauer schroff. Als Schweinehirt führte der Sohn ein armseliges Leben auf dem Acker. Seine Kleider waren zerrissen und er litt furchtbaren Hunger.

Am liebsten hätte er das Schweinefutter gegessen, aber das erlaubte ihm der Bauer nicht. Da kam der Sohn ins Überlegen und er dachte an sein Zuhause, das er verlassen hatte. Er wusste, dass die Arbeiter bei seinem Vater alle genug zu essen bekamen und beschloss, nach Hause zurückzukehren. Er sprach zu sich: „Ich will den Vater um Verzeihung bitten, dass ich ihn und meinen großen Bruder einfach alleingelassen habe. Ich weiß, dass ich einen großen Fehler gemacht habe und es nicht mehr wert bin, sein Sohn zu sein. Aber ich werde Vater fragen, ob ich als einfacher Knecht bei ihm arbeiten darf.“
So machte er sich auf den Weg. Als er von Ferne das Haus seines Vaters erblickte, traute er sich gar nicht, näherzukommen. Da entdeckte jedoch der Vater seinen verlorenen Sohn und kam ihm mit ausgestreckten Armen entgegen. Er schloss sein Kind in die Arme und freute sich. Der Sohn aber sagte zu ihm: „Vater, ich habe falsch gehandelt. Es tut mir unendlich leid und ich möchte dich um Verzeihung bitten. Ich bin es nicht mehr wert, dein Sohn zu sein. Aber lass mich als Knecht bei dir arbeiten.“ Davon wollte der Vater nichts wissen. Er rief sofort alle Diener zusammen, sie sollten ein großes Fest vorbereiten. „Bringt das schönste Kleid für meinen Sohn. Und kümmert euch auch um Schuhe. Schlachtet ein Kalb und bereitet ein Festessen zu. Wir wollen feiern und zusammen fröhlich sein!“, rief er. Der Vater hatte seinem Sohn längst verziehen und war glücklich, dass er den Weg zurück nach Hause gefunden hatte.

(nach Lukas 15, 11–24)

Das Gleichnis vom Senfkorn

Immer wieder sprach Jesus vom „Reich Gottes“ oder vom „Himmelreich“.
Damit ist eine Welt gemeint, in der es für die Menschen gerecht zugeht.

Einmal erzählte Jesus folgendes Gleichnis, damit die Menschen sich das Reich Gottes besser vorstellen konnten:

„Das Himmelreich ist wie ein Senfkorn.
In dem Moment, in dem es auf den Acker gesät wird,
ist es das kleinste Samenkorn von allen Samenkörnern, die es auf der Erde gibt.
Wenn es aber erst einmal angewachsen ist, so wird es größer als alle Kräuter.
Es wird ein Baum und treibt große Zweige.
Die Vögel unter dem Himmel kommen und können unter seinem Schatten wohnen.“

(nach Markus 4, 30–34)

▷ Wie stellst du dir das Reich Gottes vor? Male.

▷ Stellt eure Bilder in der Klasse aus und sprecht darüber.

Das Vaterunser (A)

Einmal fragten die Jünger Jesus danach, wie sie am besten mit Gott sprechen könnten. Jesus lehrte sie ein Gebet, das Vaterunser. Dieses Gebet wird auch heute noch überall auf der Welt im Gottesdienst von Christen gebetet.

Ⓓ Kannst du das Vaterunser lesen?
Setze Trennstriche und schreibe dann den Text ab.
Denke dabei auch an die Groß- und Kleinschreibung.

VATERUNSERIMHIMMEL,GEHEILIGTWERDEDEINNAME.DEIN
REICHKOMME.DEINWILLEGESCHEHE,WIEIMHIMMEL,SOAUF
ERDEN.UNSERTÄGLICHBROTGIBUNSHEUTE.UNDVERGIB
UNSUNSERESCHULD,WIEAUCHWIRVERGEBENUNSEREN
SCHULDIGERN.UNDFÜHREUNSNICHTINVERSUCHUNG,
SONDERNERLÖSEUNSVONDEMBÖSEN.DENNDEINISTDAS
REICHUNDDIEKRAFTUNDDIEHERRLICHKEITINEWIGKEIT.AMEN.

Das Vaterunser (B)

Einmal fragten die Jünger Jesus danach, wie sie am besten mit Gott sprechen könnten. Jesus lehrte sie ein Gebet, das Vaterunser. Dieses Gebet wird auch heute noch überall auf der Welt im Gottesdienst von Christen gebetet.

▷ Schneide die Streifen auseinander.
Klebe die Sätze des Vaterunser in der richtigen Reihenfolge auf.

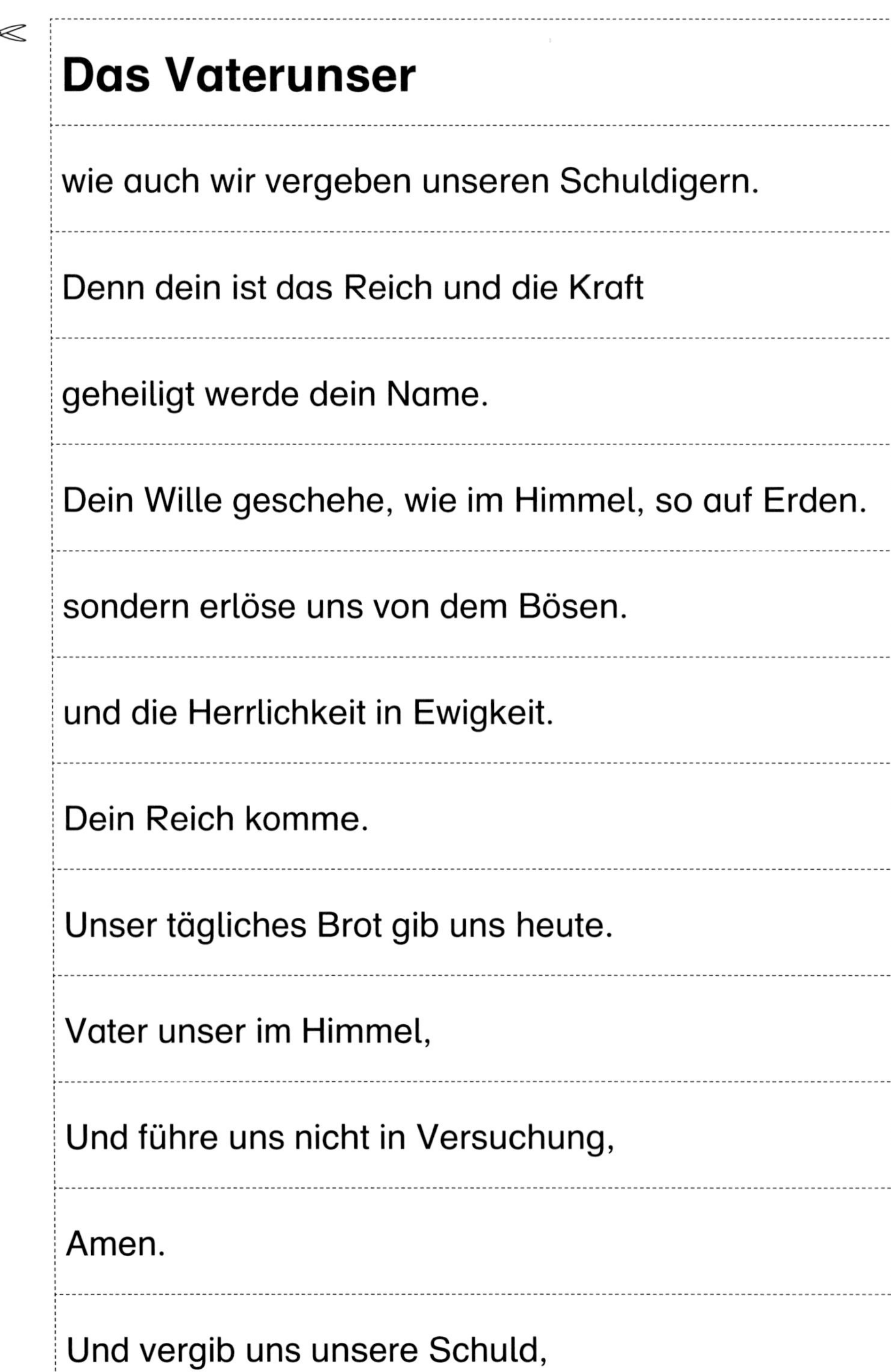

Das Vaterunser
wie auch wir vergeben unseren Schuldigern.
Denn dein ist das Reich und die Kraft
geheiligt werde dein Name.
Dein Wille geschehe, wie im Himmel, so auf Erden.
sondern erlöse uns von dem Bösen.
und die Herrlichkeit in Ewigkeit.
Dein Reich komme.
Unser tägliches Brot gib uns heute.
Vater unser im Himmel,
Und führe uns nicht in Versuchung,
Amen.
Und vergib uns unsere Schuld,

Freunde

Es ist schön, Freunde zu haben. Freunde können sehr unterschiedlich sein. Mit welchen Personen auf den Fotos wärst du gern befreundet? Begründe deine Meinung.

Überlegt euch ein Standbild zum Thema „Freundschaft“.

Schreibe auf, welche Eigenschaften ein guter Freund/eine gute Freundin für dich haben soll.

Freundschaften in der Klasse – deine Meinung ist gefragt!

▷ Lies dir die Sätze in der linken Spalte durch und notiere deine Meinung dazu.

	Ja	Nein	**Das stimmt teilweise. Begründung:**
Außenseiter haben selber Schuld, wenn sie ausgegrenzt werden.			
Worte können genauso wehtun wie Schläge.			
In unserer Klasse findet jeder eine Freundin oder einen Freund in der Pause zum Spielen.			
Wenn ein neues Kind in unsere Klasse kommt, kümmern wir uns.			
Bei uns in der Klasse geht es allen gut.			
Wenn sich zwei Kinder streiten, mische ich mich nicht ein.			
Bei uns in der Klasse gibt es einige, denen man vertrauen kann.			
Ein bisschen über jemanden wegen seines Aussehens zu lachen, ist doch nur Spaß.			

▷ Besprecht in der Gruppe, wie die anderen das sehen. Wo seid ihr einer Meinung? Wo seid ihr unterschiedlicher Meinung? Woran könnte das liegen?

Jesus ist ein Freund für alle Menschen

Jesus ist ein ganz besonderer Mensch.
Viele bezeichnen ihn auch als besonderen Freund.

Lies die Gedichte.

Jesus liebt die Kinder

Jesus liebt Erwachsene sehr,
doch all die Kinder noch viel mehr!
Drum war er einst seinen Segen
auf die Kinder auch am Legen!

Dein Freund möcht der Herr Jesus sein,
drum lass ihn in dein Herz hinein.
Auch hat er immer für dich Zeit
und ist zur Hilfe gern bereit!

Du kannst ihn auch alles fragen
und im Gebet alles sagen.
Sein Herz ist ganz mit Liebe voll.
– Ist das nicht wunderbar und toll?

Autor: Rainer Jetzschmann

Jesus hat mich angenommen,
Er mich so sehr liebt.
Zu ihm darf ich immer kommen,
Er mir gern vergibt.
Jesus darf ich alles sagen,
Er hat für mich Zeit.
Er ist da an allen Tagen
bis in Ewigkeit.

Autorin: Brunhilde Rusch

Schreibe auf, welche Eigenschaften Jesus zu einem guten Freund machen.

Zachäus

Lies die Geschichte und markiere die Antworten zu den folgenden Fragen im Text.
Warum will niemand etwas mit Zachäus zu tun haben? (rot)
Wie verhält sich Jesus gegenüber Zachäus? (gelb)
Wie verändert sich Zachäus, als Jesus auf ihn zugeht? (grün)

In der Stadt Jericho lebte ein Mann, der hieß Zachäus. Zachäus arbeitete als Zöllner an der Stadtmauer von Jericho und verdiente viel Geld mit seinem Beruf. Er lebte in einem prächtigen Haus und konnte sich Vieles leisten. Nur Freunde hatte Zachäus nicht. Die anderen Menschen mochten ihn nicht, weil er als Zolleinnehmer anderen Leuten das Geld wegnahm. Zachäus war einsam in seinem schönen Haus.
Eines Tages erfuhr Zachäus, dass Jesus in Jericho war. Er hatte schon viel von Jesus gehört und wollte ihn unbedingt sehen! Schnell verließ Zachäus seine Zollstelle und machte sich auf die Suche. Es war nicht schwer, Jesus zu finden. Dort, wo die vielen Menschen dicht an dicht gedrängt am Straßenrand standen, kam Jesus seinen Weg entlang. Alle wollten einen Blick auf ihn werfen. Zachäus stand ganz weit hinten und konnte nichts sehen. Er war ein kleiner Mann und niemand wollte ihn vorlassen.
Da hatte er eine Idee. Zachäus lief ein Stück voraus zu einer Stelle, an der ein Maulbeerfeigenbaum stand. Er wusste, dass Jesus auf seinem Weg hier vorbeikommen musste. Geschickt kletterte Zachäus auf den Baum und versteckte sich oben zwischen Blättern und Ästen. Von hier hatte er einen guten Ausblick und ganz bestimmt eine gute Sicht auf Jesus, sobald dieser bis hier vorgelaufen war. Zachäus wartete.
Endlich kam Jesus näher. Doch was war das? Jesus steuerte geradewegs auf den Maulbeerbaum zu, blieb direkt unter ihm stehen und sprach ihn freundlich an: „Zachäus, komm schnell herunter. Ich will heute in deinem Haus zu Gast sein!"
Zachäus konnte kaum glauben, was er da hörte. Jesus wollte ihn zu Hause besuchen! Ausgerechnet ihn, er bekam doch sonst nie Besuch. Eilig kletterte er vom Baum herunter und führte Jesus und seine Jünger in sein Haus. Dort bewirtete er alle mit köstlichen Speisen und gutem Wein. Zachäus war sehr froh, fröhlich mit seinen Gästen feiern zu können.
Die Menschen von Jericho aber waren empört. Ausgerechnet den unbeliebten Zöllner Zachäus, der sich am Geld anderer bereicherte, besuchte Jesus. Doch Zachäus erkannte jetzt selber, dass er unrecht gehandelt hatte. Er sprach zu Jesus: „Ich habe mich schlecht verhalten und will mich von nun an ändern. Alle, die ich betrogen habe, bekommen das Vierfache ihres Geldes zurück und die Hälfte meines Besitzes will ich den Armen geben." Darüber freute sich Jesus sehr. Er sprach: „Heute ist ein Freudentag für alle in deinem Haus! Auch du gehörst zu Gott, Zachäus. Ich bin zu dir gekommen, um dich zu Gott zurückzubringen." (nach Lukas 19, 1–10)

Hast du dich auch schon einmal als Außenseiter gefühlt? Berichte.
Kennst du Menschen, mit denen niemand etwas zu tun haben will und die bei uns ausgegrenzt werden?
Was kannst du tun, wenn du merkst, dass sich jemand ausgegrenzt fühlt?

Auf andere Menschen zugehen

Jesus zeigt uns, wie man auf Menschen zugeht und ein Freund ist.

Ⓓ Lies dir die folgenden Situationen durch.

Ⓓ Beantworte die folgenden Fragen: Wer ist der Außenseiter?
Warum gibt es in den Geschichten einen Außenseiter? Gibt es eine Lösung?

① Die Kinder üben in der Schule mit ihren eigenen Fahrrädern für die Radfahrprüfung. Jana besitzt kein Fahrrad und fühlt sich deshalb als Außenseiterin. Wie kann man ihr helfen?

② Jannick ist umgezogen und wird in eine neue Klasse eingeschult. Er kennt dort niemanden und fühlt sich am ersten Schultag sehr allein. Wie kann man ihm helfen?

③ Die Mädchen der Klasse 3a haben ihre Springseile mit in die Schule gebracht und hüpfen damit. Nur Klara kann nicht mitmachen und muss zusehen. Sie hat kein eigenes Seil und kommt sich ausgeschlossen vor.

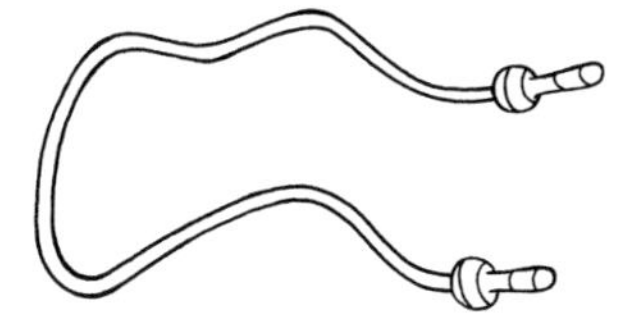

④ Vier Jungen spielen ein Doppel an der Tischtennisplatte, Deniz steht daneben. Er hat zwar einen Tischtennisschläger, aber im Doppelspiel braucht man nur vier Spieler. Wie kann man Deniz einbeziehen?

⑤ Tim kommt das erste Mal in einen neuen Verein zum Fußballtraining und kennt dort niemanden. Bei einer Aufwärmübung sollen sich alle einen Partner suchen. Tim bleibt übrig und findet niemanden. Am liebsten möchte er wieder nach Hause gehen …

Ⓓ Spielt eine Situation nach und findet ein Ende, sodass sich der (gefühlte) Außenseiter nicht mehr ausgegrenzt vorkommt. Präsentiert das Rollenspiel vor der Klasse.

Gruppenpuzzle (Auswertung der Gruppenarbeit)

(Eine Erklärung, wie ein Gruppenpuzzle funktioniert, findet sich auf S. 20.
Die dazugehörigen Lesetexte folgen auf den Seiten 55–58.)

	Jesus und Bartimäus	Jesus und der Aussätzige	Jesus und der Gelähmte	Jesus und die gekrümmte Frau
Welche Krankheit hat die Person, der geholfen wird?				
Wie kommt es zu einer Begegnung zwischen Jesus und der kranken Person?				
Wie verhalten sich die Menschen um die Kranke/den Kranken herum?				
Wie verhält sich Jesus?				
Wie ändert sich das Leben der Geheilten/des Geheilten durch die Begegnung mit Jesus?				

Jesus und Bartimäus

Vor der Stadt Jericho saß ein blinder Mann, der hieß Bartimäus. Weil Bartimäus nicht sehen konnte, hatte er keine Arbeit und musste betteln, um für seinen Lebensunterhalt zu sorgen. So saß er Tag für Tag am Wegesrand und wartete darauf, dass Menschen vorbeikamen, die Mitleid mit ihm hatten. Sobald Bartimäus Schritte näherkommen hörte, richtete er sich auf und machte auf sich aufmerksam. Laut rief er: „Leute, habt Erbarmen mit mir! Ich bitte um eine milde Gabe!“ Viel bekam er nicht, aber es reichte gerade zum Leben.

Einmal war Jesus unterwegs nach Jericho. Obwohl Bartimäus nichts sehen konnte, spürte er, dass irgendetwas anders war. Es waren viel mehr Menschen auf der Straße als sonst und sie schienen auf etwas zu warten. „Was ist denn heute nur los?“, fragte Bartimäus die Menschen, die aufgeregt an ihm vorbeikamen. Sie antworteten: „Weißt du etwa nicht, dass Jesus heute in die Stadt kommt? Er muss gleich hier auftauchen. Wir wollen ihn unbedingt sehen. Los, mach Platz für uns!“ Aber Bartimäus dachte gar nicht daran, an die Seite zu gehen. Er wollte auch zu Jesus. Er hatte schon viel von Jesus gehört und dachte sich, dass dieser ihm vielleicht helfen könnte. Daher rief er so laut wie er konnte: „Jesus, hab Erbarmen mit mir!“ Die anderen Menschen sagten empört: „Sei still, Bartimäus. Warum sollte Jesus ausgerechnet für dich Zeit haben?“ Bartimäus aber ließ sich nicht davon abhalten, zu Jesus zu kommen. Er rief so oft und so laut, bis Jesus ihn durch die Menschenmenge hindurch hörte. Jesus sprach: „Wer ruft da so laut nach mir? Führt den Mann zu mir.“ Es wurde ganz still. Bartimäus wurde zu Jesus gebracht. Jesus fragte ihn: „Was möchtest du von mir? Was kann ich für dich tun?“ Bartimäus antwortete: „Herr, ich möchte, dass du mich wieder sehend machst.“ „Du hast großes Vertrauen“, sprach Jesus. „Geh, du kannst wieder sehen.“ So war es. Bartimäus war geheilt und freute sich, dass Jesus ihm die Augen geöffnet hatte. Er konnte die Farben und die Menschen und die Welt um sich herum wieder sehen. Als Jesus weiterzog, verließ Bartimäus Jericho und folgte ihm.

(nach Markus 10, 46–52 und Lukas 18, 35–43)

▷ Beantworte die Fragen und trage die Antworten in die Tabelle ein.

Welche Krankheit hat die Person, der geholfen wird?	
Wie kommt es zu einer Begegnung zwischen Jesus und der kranken Person?	
Wie verhalten sich die Menschen um die Kranke/den Kranken herum?	
Wie verhält sich Jesus?	
Wie ändert sich das Leben der Geheilten/des Geheilten durch die Begegnung mit Jesus?	

Jesus und der Aussätzige

Draußen vor der Stadt lebte ein Mann ganz allein in seiner Hütte. Der Mann war krank und hatte überall am Körper rote Flecken und Beulen. Sein Gesicht, seine Füße und Hände sahen schrecklich aus und niemand mochte ihm zu nahe kommen. Erschrocken riefen die Menschen: „Haltet euch bloß fern, der Mann ist aussätzig! Wir müssen aufpassen, dass er uns nicht ansteckt." Selbst seine Freunde und Verwandten besuchten ihn nicht. Manchmal brachten sie dem Aussätzigen etwas zu essen, aber sie stellten das Essen nur schnell vor seiner Hütte ab und sahen zu, dass sie wieder fortkamen.

Eines Tages kam Jesus in die Gegend und der aussätzige Mann erfuhr davon. Er hatte schon viel Gutes von Jesus gehört und schöpfte Hoffnung, dass dieser ihm vielleicht helfen könnte. Schnell entschlossen lief er auf Jesus zu und fiel vor ihm auf die Knie.
Die Menschen um ihn herum wollten ihn von Jesus fernhalten, weil sie Angst hatten, dass der Aussätzige alle mit seiner Krankheit ansteckte. Aber der Mann ließ sich nicht beirren und rief: „Jesus, hilf mir bitte! Ich weiß, du kannst mich bestimmt wieder gesund machen!" Jesus sah den bittenden Mann freundlich an und beugte sich zu ihm hinunter. Er fasste ihn bei seinen Händen und sagte: „Ich will dir helfen. Sei rein."

Der Aussätzige spürte sofort, dass es ihm besser ging. Er fühlte es an seinen Händen, an seinen Füßen und sogar im Gesicht. Jesus hatte ihn gesund gemacht und er konnte fröhlich unter seinen Freunden und Verwandten leben.

(nach Markus 1, 40–45 und Lukas 5, 12–15)

▷ Beantworte die Fragen und trage die Antworten in die Tabelle ein.

Welche Krankheit hat die Person, der geholfen wird?	
Wie kommt es zu einer Begegnung zwischen Jesus und der kranken Person?	
Wie verhalten sich die Menschen um die Kranke/den Kranken herum?	
Wie verhält sich Jesus?	
Wie ändert sich das Leben der Geheilten/des Geheilten durch die Begegnung mit Jesus?	

Jesus und der Gelähmte

In der Stadt Kafarnaum am See Genezareth lebte ein Mann, der seit vielen Jahren gelähmt war. Er konnte seine Arme und Beine nicht bewegen und musste den ganzen Tag auf einer Matte liegen. Auch seine Hände waren gelähmt, sodass er sogar beim Essen auf die Hilfe seiner Freunde angewiesen war.

Eines Tages kam Jesus nach Kafarnaum. Die Freunde des Gelähmten schöpften Hoffnung für ihren kranken Freund. Sie hatten schon viel Gutes über Jesus gehört und es wurde erzählt, dass er Menschen gesund machen konnte. Ohne lange zu überlegen, packten sie den Gelähmten auf seiner Matte und wollten ihn direkt zu Jesus bringen. Als sie sich dem Haus näherten, in dem Jesus sich gerade aufhielt, wurde es jedoch schwierig, bis zu ihm durchzudringen. Viele Menschen hatten sich vor dem Haus versammelt und mit der schweren Matte konnten die Freunde nicht an der Menge vorbeikommen. „Macht Platz!“, riefen sie. Doch niemand hörte sie. Da kam den Freunden eine gute Idee. Sie trugen den Gelähmten auf seiner Matte über die Außentreppe auf das flache Dach des Hauses, in dem Jesus sich befand. Sie deckten das Dach so ab, dass ein Loch entstand. An die Matte wurden Seile gebunden und der kranke Freund wurde durch das Loch hinabgelassen, bis er direkt vor Jesus Füßen lag. Als Jesus aufblickte und in die hoffnungsvollen Augen der Freunde sah, sprach er zu dem Gelähmten: „Steh auf! Nimm deine Matte und geh!“

Der Mann konnte auf einmal seine Arme und Beine wieder bewegen. Er stand auf, klemmte sich seine Matte unter den Arm und ging fröhlich nach Hause. Die Menschen, die das miterlebt hatten, konnten kaum glauben, was passiert war. Sie fingen an, Gott zu loben, der solche Wunder möglich machte.

(nach Markus 2, 1–12 und Lukas 5, 17–26)

Ⓓ Beantworte die Fragen und trage die Antworten in die Tabelle ein.

Welche Krankheit hat die Person, der geholfen wird?	
Wie kommt es zu einer Begegnung zwischen Jesus und der kranken Person?	
Wie verhalten sich die Menschen um die Kranke/den Kranken herum?	
Wie verhält sich Jesus?	
Wie ändert sich das Leben der Geheilten/des Geheilten durch die Begegnung mit Jesus?	

Jesus und die gekrümmte Frau

Jesus kam auf seinem Weg in eine Stadt. Es war Sabbat, der Tag der Woche, an dem niemand arbeitete. Jesus ging in die Synagoge zum Gottesdienst, eine große Menschenmenge hatte sich bereits dort eingefunden. Er stellte sich mitten unter die Menschen und fing an, von Gott zu erzählen.

Auf einmal stoppte Jesus mitten in seiner Erzählung. Er hatte hinten am Eingang der Synagoge eine Frau entdeckt, die dort ganz gekrümmt saß und sich nicht aufrichten konnte. Seit 18 Jahren schon war diese Frau gekrümmt und jeder in der Stadt hatte sich daran gewöhnt, dass sie ihren Kopf nicht heben konnte und immer nur gebückt durchs Leben ging. Jesus erkannte, dass die Frau unter ihrer Krankheit litt und hatte Mitleid mit ihr. Er rief: „Komm her zu mir!" Erstaunt darüber, dass Jesus sie überhaupt bemerkte und ansprach, richtete die Frau sich mühsam auf und kam zu ihm. Jesus legte seine Hände auf sie und sprach: „Frau, sei von deiner Krankheit erlöst!" Es war, als ob unsichtbare Fesseln von ihr abfielen. Die Frau konnte sich aufrecht hinstellen und sah Jesus in die Augen. Sie lobte und dankte Gott, dass Jesus sie gesundgemacht hatte. Als die anderen Gottesdienstbesucher das sahen, freuten sie sich und waren begeistert von dem, was Jesus für die gekrümmte Frau getan hatte. Doch der Vorsteher der Synagoge war anderer Meinung. Es passte ihm nicht, dass Jesus die Frau am Sabbat geheilt hatte. Er sprach zum Volk: „Habt ihr vergessen, was im Gesetz steht? An sechs Tagen in der Woche sollt ihr arbeiten, da kann Jesus gerne andere Menschen heilen. Aber der siebte Tag ist ein Ruhetag, an dem darf er nichts tun." Als Jesus den Vorsteher der Synagoge so sprechen hörte, antwortete er ihm: „Scheinheiliger Gesetzeshüter! Was machst du denn, wenn dein Esel oder dein Ochse am Sabbat Durst hat? Dann führst du ihn doch auch zur Tränke und sorgst dafür, dass er zu trinken bekommt. Sollte dann nicht erst recht diese Frau, die seit 18 Jahren unter ihrer Krankheit gelitten hat und gebückt durchs Leben gegangen ist, am Sabbat von ihrem Leiden erlöst werden?" Dagegen wagte niemand etwas zu sagen.

(nach Lukas 13, 10–17)

Ⓓ Beantworte die Fragen und trage die Antworten in die Tabelle ein.

Welche Krankheit hat die Person, der geholfen wird?	
Wie kommt es zu einer Begegnung zwischen Jesus und der kranken Person?	
Wie verhalten sich die Menschen um die Kranke/den Kranken herum?	
Wie verhält sich Jesus?	
Wie ändert sich das Leben der Geheilten/des Geheilten durch die Begegnung mit Jesus?	

Die Weihnachtskrippe (A)

▷ Vergleiche die beiden Krippenbilder. Findest du die 10 Unterschiede?

▶ Überlege, warum die Personen und die Tiere in dieser Art aufgestellt werden. Kannst du erklären, warum die Heiligen Drei Könige oft erst am 6. Januar bei der Krippe aufgestellt werden?

Die Weihnachtskrippe (B)

Findest du die 17 Begriffe, die zu einer Weihnachtskrippe gehören? Kreise sie ein.

A	L	U	B	W	K	P	G	M	A	N	F	P	B
S	C	H	A	F	E	R	H	N	B	S	E	R	M
T	M	F	L	A	L	S	J	E	S	U	S	T	Y
E	N	G	T	B	M	G	O	L	D	T	E	U	R
R	O	Y	H	C	N	T	S	O	C	W	L	W	R
N	P	S	A	D	C	U	E	P	D	Y	G	K	H
B	R	A	S	E	A	W	F	R	O	C	H	S	E
C	S	B	A	F	S	Y	K	S	E	A	K	T	C
D	T	K	R	I	P	P	E	T	F	B	L	R	D
G	E	C	S	G	A	D	L	U	G	C	M	O	E
H	N	D	M	A	R	I	A	W	H	D	O	H	F
I	G	E	T	W	E	I	H	R	A	U	C	H	G
M	E	L	C	H	I	O	R	Y	L	E	N	A	H
K	L	R	V	H	O	F	H	I	R	T	E	N	K

Erkläre einem Partner, welche Bedeutung die eingekreisten Wörter im Zusammenhang mit der Weihnachtskrippe haben.

Was bedeutet dir Weihnachten?

▷ Finde jemanden in der Klasse, auf den die Aussage zutrifft.

▶ Gelingt es dir, zu jeder Aussage den Namen eines anderen Kindes aufzuschreiben?

Finde eine Person im Raum, die …	
… den Weihnachtsbaum mit echten Kerzen schmückt.	
… Weihnachten mit der Familie in die Kirche geht.	
… Weihnachten lieber Geschenke macht als Geschenke bekommt.	
… Weihnachten ohne die Großeltern feiert.	
… Weihnachten gar nicht mag.	
… Weihnachten Geburtstag hat.	
… die Weihnachtsgeschenke erst am 25. Dezember bekommt.	
… Weihnachten nicht feiert.	
… Weihnachten wichtiger findet als den eigenen Geburtstag.	
… am Weihnachtsabend Würstchen und Kartoffelsalat isst.	
… Weihnachten ein Gedicht aufsagen muss, bevor die Geschenke verteilt werden.	
… Weihnachten keine Schokolade isst.	
… Weihnachten nicht zu Hause feiert.	
… vor Weihnachten allein Plätzchen für die Familie backt.	

Die Geburt Jesu (1)

Die Weihnachtsgeschichte steht in der Bibel.
Sie ist von den beiden Aposteln Lukas und Matthäus aufgeschrieben worden.
Die beiden erzählen von der Geburt Jesu. Es gibt viele Gemeinsamkeiten in der Art, wie die beiden von dem Ereignis berichten, allerdings auch einige Unterschiede.

Ⓟ Lies und vergleiche die beiden Texte. Was fällt dir auf?

Ⓟ Fülle dann das Arbeitsblatt aus.

Es begab sich aber zu der Zeit, dass ein Gebot von dem Kaiser Augustus ausging, dass alle Welt geschätzt würde. Und diese Schätzung war die allererste und geschah zur Zeit, da Quirinius Statthalter in Syrien war. Und jedermann ging, dass er sich schätzen ließe, ein jeder in seine Stadt. Da machte sich auf auch Josef aus Galiläa, aus der Stadt Nazareth, in das jüdische Land zur Stadt Davids, die da heißt Bethlehem, weil er aus dem Hause und Geschlechte Davids war, damit er sich schätzen ließe mit Maria, seinem vertrauten Weibe; die war schwanger. Und als sie dort waren, kam die Zeit, dass sie gebären sollte. Und sie gebar ihren ersten Sohn und wickelte ihn in Windeln und legte ihn in eine Krippe; denn sie hatten sonst keinen Raum in der Herberge. Und es waren Hirten in derselben Gegend auf dem Felde bei den Hürden, die hüteten des Nachts ihre Herde. Und der Engel des Herrn trat zu ihnen, und die Klarheit des Herrn leuchtete um sie; und sie fürchteten sich sehr. Und der Engel sprach zu ihnen: Fürchtet euch nicht! Siehe, ich verkündige euch große Freude, die allem Volk widerfahren wird; denn euch ist heute der Heiland geboren, welcher ist Christus, der Herr, in der Stadt Davids. Und das habt zum Zeichen: Ihr werdet finden das Kind in Windeln gewickelt und in einer Krippe liegen. Und alsbald war da bei dem Engel die Menge der himmlischen Heerscharen, die lobten Gott und sprachen: Ehre sei Gott in der Höhe und Friede auf Erden bei den Menschen seines Wohlgefallens. Und als die Engel von ihnen gen Himmel fuhren, sprachen die Hirten untereinander: Lasst uns nun gehen nach Bethlehem und die Geschichte sehen, die da geschehen ist, die uns der Herr kundgetan hat. Und sie kamen eilend und fanden beide, Maria und Josef, dazu das Kind in der Krippe liegen. Als sie es aber gesehen hatten, breiteten sie das Wort aus, das zu ihnen von diesem Kinde gesagt war. Und alle, vor die es kam, wunderten sich über das, was ihnen die Hirten gesagt hatten. Maria aber behielt alle diese Worte und bewegte sie in ihrem Herzen. Und die Hirten kehrten wieder um, priesen und lobten Gott für alles, was sie gehört und gesehen hatten, wie denn zu ihnen gesagt war. Lukas 2, 1–19

Als Jesus geboren war in Bethlehem in Judäa zur Zeit des Königs Herodes, siehe, da kamen Weise aus dem Morgenland nach Jerusalem und sprachen: Wo ist der neugeborene König der Juden? Wir haben seinen Stern gesehen im Morgenland und sind gekommen, ihn anzubeten. Als das der König Herodes hörte, erschrak er und mit ihm ganz Jerusalem, und er ließ zusammenkommen alle Hohenpriester und Schriftgelehrten des Volkes und erforschte von ihnen, wo der Christus geboren werden sollte. Und sie sagten ihm: In Bethlehem in Judäa; denn so steht geschrieben durch den Propheten „Und du, Bethlehem im jüdischen Lande, bist keineswegs die kleinste unter den Städten in Juda; denn aus dir wird kommen der Fürst, der mein Volk Israel weiden soll.“ Da rief Herodes die Weisen heimlich zu sich und erkundete genau von ihnen, wann der Stern erschienen wäre, und schickte sie nach Bethlehem und sprach: Zieht hin und forscht fleißig nach dem Kindlein; und wenn ihr's findet, so sagt mir's wieder, dass auch ich komme und es anbete. Als sie nun den König gehört hatten, zogen sie hin. Und siehe, der Stern, den sie im Morgenland gesehen hatten, ging vor ihnen her, bis er über dem Ort stand, wo das Kindlein war. Als sie den Stern sahen, wurden sie hocherfreut und gingen in das Haus und fanden das Kindlein mit Maria, seiner Mutter, und fielen nieder und beteten es an und taten ihre Schätze auf und schenkten ihm Gold, Weihrauch und Myrrhe. Und Gott befahl ihnen im Traum, nicht wieder zu Herodes zurückzukehren; und sie zogen auf einem andern Weg wieder in ihr Land. Matthäus 2, 1–12

Die Geburt Jesu (2) (Arbeitsblatt)

▷ Kreuze an, welcher Apostel diese Information in seiner Darstellung der Geburt Jesu an den Leser weitergibt.

	Lukas	Matthäus
Jesus wird in Bethlehem geboren.		
Maria ist die Mutter Jesu.		
Maria und Josef sind wegen einer Volksschätzung in Bethlehem.		
Maria und Josef fanden in Bethlehem keinen Platz in der Herberge.		
Die Hirten verbrachten die Nacht, in der Jesus geboren wurde, auf dem Feld.		
Ein Engel erzählt den Hirten von der Geburt Jesu.		
Ein Stern zeigt an, wo Jesus geboren wurde.		
Die Weisen aus dem Morgenland wollten den neugeborenen König anbeten.		
König Herodes hat vor dem Jesuskind Angst, weil er um seine Macht fürchtet.		

Was geschah Ostern?

▷ Schneide die Karten aus.
Lege mit einem Partner das Domino.
Erklärt euch dabei die Ostergeschichte.

START		Jesus wird schuldlos zum Tode verurteilt.	
Die Soldaten setzen Jesus eine Dornenkrone auf und verhöhnen ihn.		Jesus nimmt das Kreuz auf seine Schultern.	
Die Soldaten zwingen Simon, das Kreuz für Jesus zu tragen.		In Golgatha kreuzigen die Soldaten Jesus.	
Die Soldaten nehmen Jesus seine Kleidung weg.		Jesus spricht mit seinem Vater und bittet um Vergebung.	
Jesus stirbt am Kreuz.		Jesus wird vom Kreuz genommen und in ein Leinentuch gewickelt.	
Jesus wird in einem Felsengrab beerdigt.		Ein großer Stein liegt vor dem Eingang des Grabs.	
Maria und Maria von Magdala stehen vor dem Grab und trauern um Jesus.		Am Ostersonntag kommen die Jünger zum Grab.	
Der Stein ist vom Grab weggerollt, in der Felshöhle liegt nur das Leinentuch.		Jesus ist auferstanden.	ENDE

Oster-Mobile

▷ Schneide die Einzelteile für das Mobile aus.
Ordne die Motive den Texten zu.
Klebe dann das Mobile zusammen.

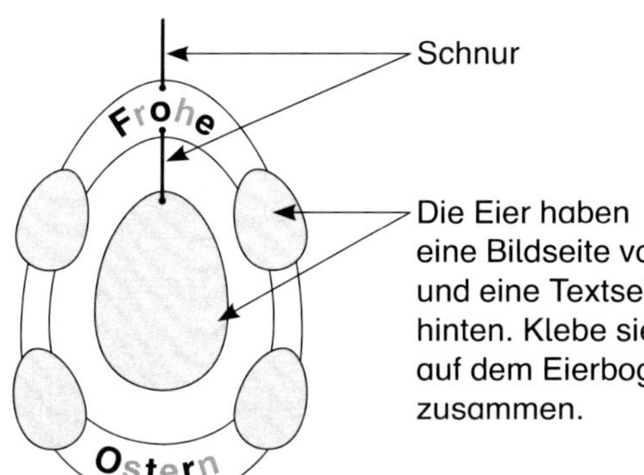

Jesus
ist
auferstanden

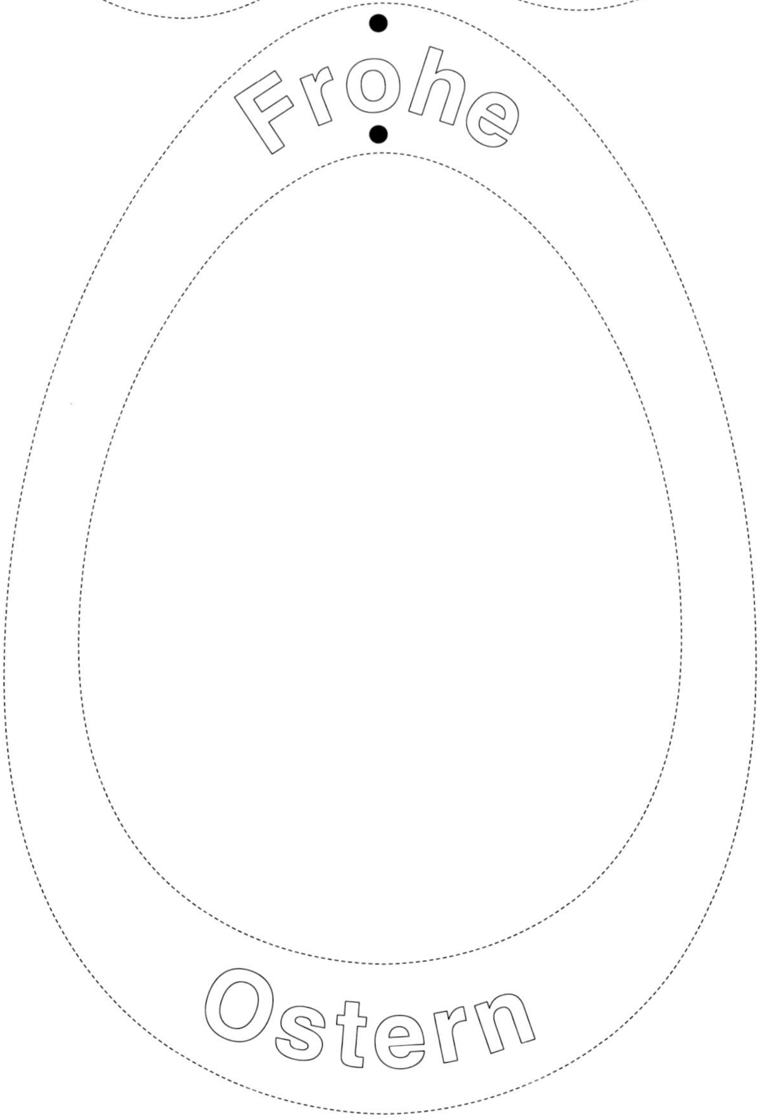

Frohe

Ostern

Jesus
wird in
einem
Felsengrab
beerdigt.

Jesus
wird
gekreuzigt.

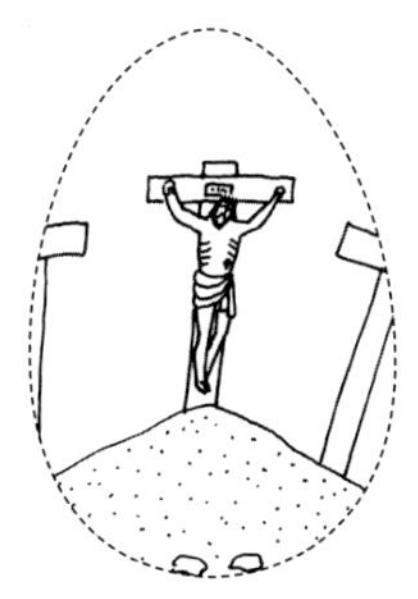

Jesus
wird zum Tod
verurteilt.

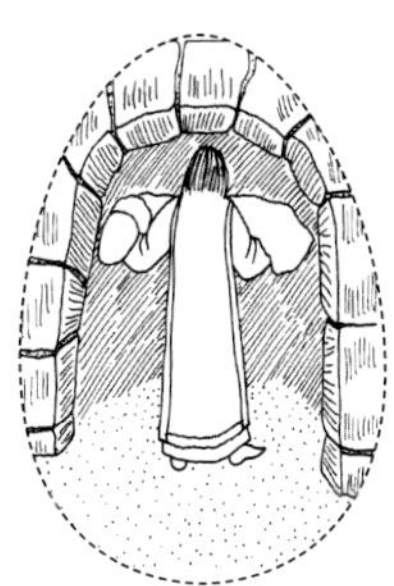

Jesus
trägt das
Kreuz.

Das Kreuz als Symbol für die Verbindung von Gott und den Menschen

Das Kreuz ist ein sehr altes Symbol. Es steht im Christentum für die Verbindung zwischen Gott und den Menschen (der lange senkrechte Balken) und den Menschen untereinander (der kürzere waagerechte Balken). Das Symbol leitet sich von der Kreuzigung Jesu ab und ist mit dem Gedanken der Vergebung und der Hoffnung auf die Auferstehung nach dem Tod verbunden.

- Diskutiere mit einem Partner über den Satz: Er hat ein schweres Kreuz zu tragen.
- Welches „Kreuz" trägst du? Stelle wichtige Personen und Momente in deinem Lebens-Kreuz dar.

Fragen zur Taufe

Die Taufe spielt bei den Christen eine besondere Rolle. Durch das Eintauchen bzw. das Besprengen mit geweihtem Wasser wird zum Ausdruck gebracht, dass der Täufling Mitglied der christlichen Gemeinde wird. Vor allem aber wird durch die Taufe deutlich gemacht, dass die Liebe und der Segen Gottes beim Täufling sind.

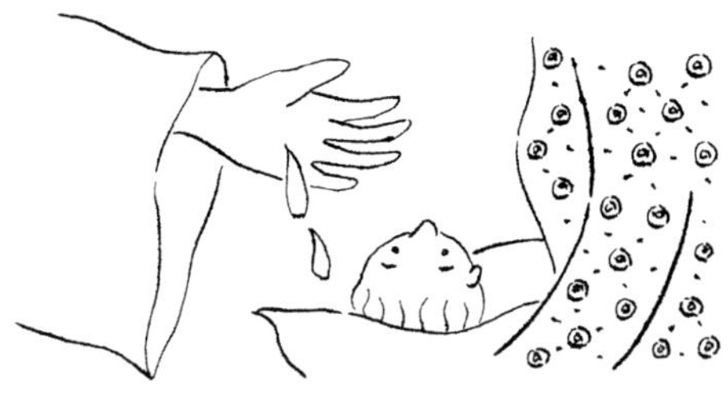

▷ Falte zunächst das Papier an der Linie unten nach hinten. Kannst du die Fragen gemeinsam mit einem Partner beantworten? Vergleicht gemeinsam eure Antworten mit den Lösungen.

Werden nur Babys getauft?

____

Wo findet die Taufe statt?

____

Wer darf jemanden taufen?

____

Nimmt man für die Taufe normales Leitungswasser?

____

Was macht ein Pate bzw. eine Patin?

____

Von wem wurde Jesus getauft?

____

- -

Meistens werden Kinder in ihrem ersten Lebensjahr getauft. Man kann sich aber in jedem Alter taufen lassen.

Die Taufe findet meistens in der Kirche im Rahmen eines Sonntagsgottesdienstes oder Familiengottesdienstes statt. Je nach Absprache kann auch ein besonderer Taufgottesdienst durchgeführt werden.

Der Pastor bzw. die Pastorin führt die Taufe durch. Nur in einer absoluten Notsituation, z.B. wenn jemand krank ist und sterben könnte, bevor sie oder er von einem Geistlichen getauft werden könnte, kann eine Nottaufe von jedem Christ bzw. einer Christin durchgeführt werden.

Das Wasser für die Taufe ist gesegnet. Ursprünglich ist es Wasser aus dem Fluss Jordan.

Eine Patin bzw. ein Pate soll die Eltern bei der christlichen Erziehung des Kindes unterstützen. In früheren Zeiten waren die Paten im Notfall (z.B. wenn die Eltern sehr jung starben) „Elternersatz".

Jesus wurde von Johannes dem Täufer getauft. Er tauchte ihn in das Wasser des Flusses Jordan.

Wasser ist Leben

Wasser ist für unser Leben sehr wichtig. Ohne Trinkwasser könnten wir nicht überleben, ohne Wasser würden keine Pflanzen wachsen.
Durch die Taufe wird „neues Leben“ in die Kirchengemeinde gegeben – Wasser spielt bei der Taufhandlung eine wichtige Rolle.

Es gibt viele Redensarten, in denen Wasser vorkommt.

- Kreuze die Redensarten an, die du kennst (eckiges Kästchen).
- Schreibe die Ziffer der passenden Erklärung in den Tropfen.
- Erzähle (oder schreibe) über eine Situation, in der eine der Redensarten eine Rolle gespielt hat.

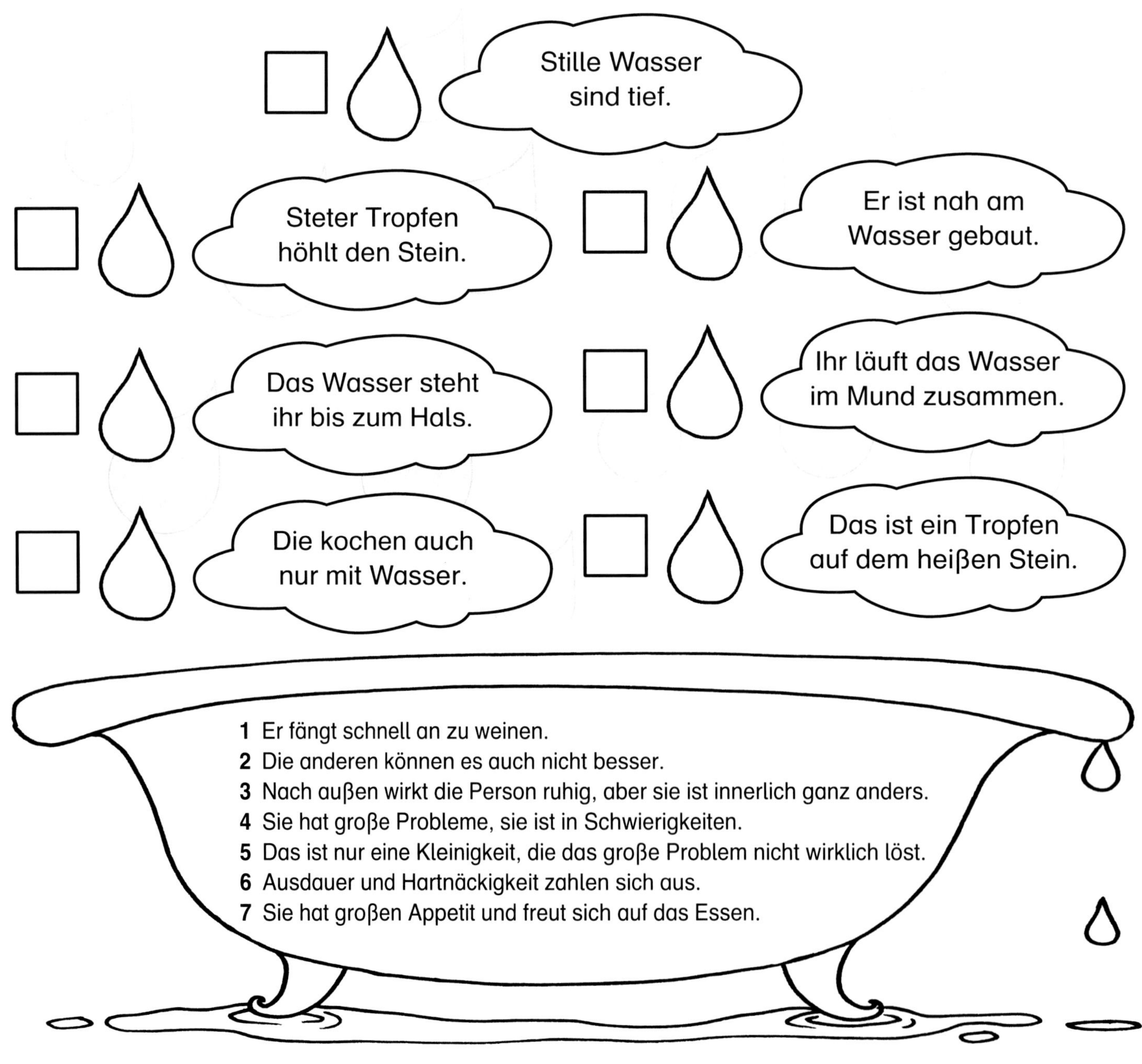

Der Gottesdienst

Warst du schon einmal bei einem Gottesdienst in einer Kirche?
Wusstest du, dass es Martin Luther zu verdanken ist, dass der Gottesdienst in den evangelischen Kirchen auf Deutsch durchgeführt wird?
Früher wurde in der Kirche nur Latein gesprochen.

Ein Gottesdienst läuft im Wesentlichen immer nach einem festgelegten Schema ab. Es gibt kleine Unterschiede, je nachdem, ob es ein „normaler" Sonntagsgottesdienst, ein Familiengottesdienst, eine Taufe, Hochzeit oder eine Trauerfeier ist.

Du kannst die Folge der einzelnen „Etappen" in einem Gottesdienst herausfinden, wenn du die Satzstreifen in die richtige Reihenfolge bringst.

Schneide die Streifen aus und lege sie dann in die richtige Reihenfolge.
Das Muster hilft dir beim Finden der Lösung.

Wir denken an die anderen	Anrufung Gottes (Ehre sei Gott … / Herr, erbarme dich)
(Abendmahl)	Glockengeläut
Was ist los in der Welt?	Verabschiedung
Gebet, Psalm oder Lied	Fürbittgebet
(Stärkung mit symbolischem Essen und Trinken)	Herbeirufen der Gottesdienstbesucher
Segen	Lesung aus der Bibel oder Predigt
Begrüßung	Wir machen uns Gedanken/Sorgen

Ziel des kompetenzorientierten Religionsunterrichts ist es, die Schülerinnen und Schüler zum Erwerb von religiöser Orientierungs- und Handlungsfähigkeit zu führen. Aus diesem Grund haben wir uns entschieden, die folgenden Angebote zur Lernstandsfeststellung so anzulegen, dass die Kinder bei der Ausführung ihr Wissen zeigen können. Sie haben nicht die Funktion eines „Tests“, sondern stellen vielmehr „kreative Angebote“ dar, durch deren Umsetzung die Kinder erfahren, ob und wo es ggf. noch Wissenslücken gibt. Durch die Zusammenarbeit mit anderen Kindern soll jedes Kind für sich feststellen, was es bereits besser kann oder eben weniger gut. Die Lehrkraft hat während der Durchführung ausreichend Zeit zur Beobachtung und Lernstandsdokumentation. Dies schien uns für das Thema und das Ziel angemessen.

Während das Spiel und die *Placemat*-Methode in erster Linie für die Partner- oder Gruppenarbeit geeignet sind, wird die ABC-Methode als Einzelarbeit genutzt.

Würfelspiel – Spielanleitung

(Spielplan und Fragekärtchen finden sich auf Seite 71ff.)

2–5 Spieler

Ihr braucht einen Spielplan, einen Würfel, für jeden Spieler eine Spielfigur und Fragekärtchen, die mit der beschrifteten Seite nach unten auf das vorgesehene Feld auf dem Spielplan gelegt werden.

Ziel: Wer ist als Erster im Ziel?

Regeln:
1. Setzt eure Spielfiguren auf das Startfeld.
2. Der jüngste Spieler fängt an, dann wird im Uhrzeigersinn weiter gewürfelt.
3. Du darfst immer so viele Felder vorrücken, wie der Würfel anzeigt.
4. Kommst du auf ein Feld mit **?**, deckt ein Mitspieler ein Fragekärtchen auf und liest dir die Frage darauf vor. Weißt du die richtige Antwort, behältst du die Karte und darfst drei Felder vorrücken. Weißt du die Antwort nicht, wird die Karte wieder unter den Stapel gemischt und der nächste Spieler ist an der Reihe.
5. Sieger ist der Spieler, der genau auf dem Zielfeld angekommen ist.

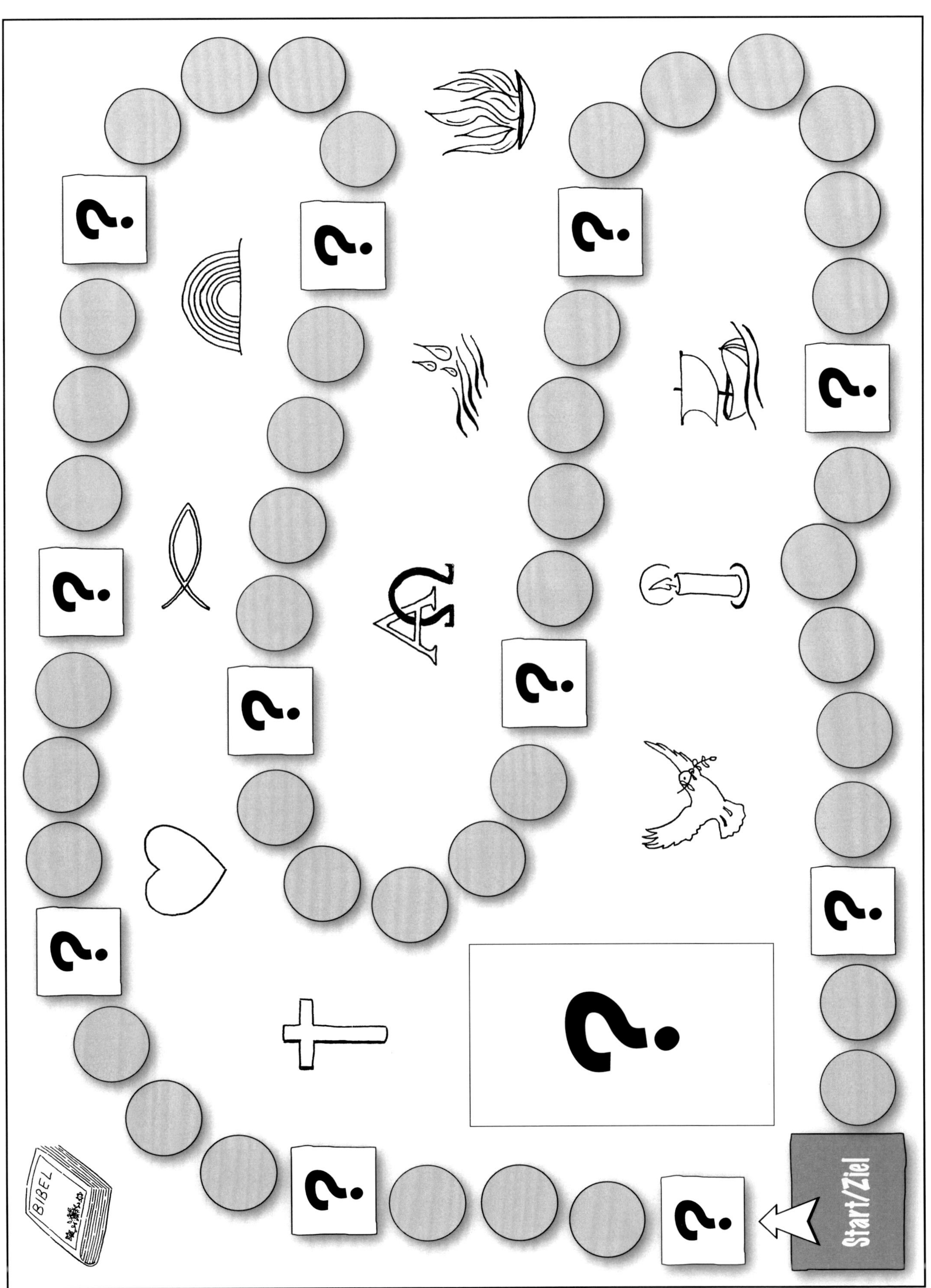
BIBEL
Start/Ziel

Würfelspiel – Fragekärtchen

In welchem Ort wird Jesus geboren? In Bethlehem	**Welchen Beruf hatte der Vater von Jesus?** Zimmermann	**Von wem ließ Jesus sich im Jordan taufen?** Von Johannes
Welcher Religion gehörten Jesus und seine Familie an? Dem Judentum	**Vor ungefähr wie vielen Jahren hat Jesus gelebt?** Vor ungefähr 2000 Jahren	**Wie alt war Jesus, als er das erste Mal am Passahfest in Jerusalem teilnehmen durfte?** 12 Jahre
Von wie vielen Jüngern wurde Jesus begleitet? Von zwölf Jüngern	**Wie heißen Jesu Jünger? Nenne drei Namen.** Andreas, Simon, Petrus, Thomas, Jakobus, Johannes …	**Wie werden die Jünger auch bezeichnet?** Als Apostel
In welchem Land lebte Jesus? In Palästina	**Wie heißt ein See im Norden von Palästina?** See Genezareth	**Welcher große Fluss fließt durch Palästina?** Der Jordan
Wie heißt die Mutter von Jesus? Maria	**Wie heißt die Hauptstadt von Palästina?** Jerusalem	**Welches Meer liegt im Süden von Palästina?** Das Tote Meer
Welche symbolische Bedeutung hat die Taube mit einem Ölzweig? Frieden, Heiliger Geist	**Welche symbolische Bedeutung hat das Schiff?** Kirche	**Welche symbolische Bedeutung hat das Kreuz?** Hoffnung auf Auferstehung
Welche symbolische Bedeutung hat das Herz? Liebe, Zuneigung	**Welche symbolische Bedeutung hat das Feuer?** Heiliger Geist	**Welche symbolische Bedeutung hat das Wasser?** Neues Leben/Taufe

Mit wem vergleicht Jesus Gott im Gleichnis vom verlorenen Schaf? Mit einem guten Hirten	**Welches Gebet hat Jesus seine Jünger gelehrt?** Das Vaterunser	**Welche Eigenschaften machen Jesus zu einem Freund? Nenne drei.** Hilfsbereit, gütig, hat Zeit, liebt mich, verzeiht …
Wie hieß der Zöllner aus Jericho, der durch Jesus sein Leben änderte? Dem Zachäus	**Was war Zachäus von Beruf?** Zöllner	**Was für eine Krankheit hatte die Frau, die Jesus am Sabbat in einer Synagoge heilte?** Sie war gekrümmt
Welche Personen fallen dir ein, die Jesus gesund gemacht hat? Nenne zwei. Bartimäus, aussätziger Mann, gekrümmte Frau …	**Wie hieß der Mann, den Jesus sehend gemacht hat?** Bartimäus	**Wie heißen die biblischen Geschichten, in denen Jesus von Gott in Vergleichen erzählt?** Gleichnisse
Womit werden die Gottesdienstbesucher zum Gottesdienst herbeigerufen? Mit Glockengeläut	**Wodurch wird ein Mensch in die christliche Gemeinde aufgenommen?** Durch die Taufe	**Wie heißt der Tag, an dem Jesus gestorben ist?** Karfreitag
Worüber freuen sich die Christen am Osterfest? Über die Auferstehung Jesu	**Wie stirbt Jesus?** Er wird gekreuzigt	**Durch wen erfahren die Hirten auf dem Feld, dass Jesus geboren wurde?** Durch einen Engel
An welchem Fest wird die Geburt Jesu gefeiert? Am Weihnachtsfest	**Wer tauft in der Kirche normalerweise einen Menschen?** Pastor(in) bzw. Pfarrer(in)	**Wer hilft den Eltern bei der christlichen Erziehung ihres Kindes?** Patenonkel/Patentante
Wer hatte Angst, dass Jesus ihn vom Thron stoßen könnte? König Herodes	**Wie heißen die Drei Heiligen Könige?** Caspar, Melchior, Balthasar	**Wer befand sich zur Geburt Jesu im Stall?** Maria, Josef, Ochse, Esel, Schafe, (Engel)

Die ABC-Methode

Mit der ABC-Methode kannst du allein oder in der Gruppe sehr gut dein Wissen wiederholen. Notiere dafür zunächst zu jedem Buchstaben einen Begriff oder Satz, der mit dem Lernthema zu tun hat. Anschließend wird in der Gruppe verglichen.

Am besten werden dafür die Aussagen nach und nach zu einem Buchstaben vorgelesen. Treten dabei Fragen oder Ergänzungen auf, werden diese sofort in der Gruppe besprochen.

Wähle ein Thema aus und wende dann die ABC-Methode an:

Jesus Lebensweg — Jesus und seine Jünger — Christliche Feste

A ____________________ N ____________________

B ____________________ O ____________________

C ____________________ P ____________________

D ____________________ Q ____________________

E ____________________ R ____________________

F ____________________ S ____________________

G ____________________ T ____________________

H ____________________ U ____________________

I ____________________ V ____________________

J ____________________ W ____________________

K ____________________ X ____________________

L ____________________ Y ____________________

M ____________________ Z ____________________

Die Placemat-Methode

Bei der Placemat-Methode schreibt jeder seine Gedanken zunächst einzeln auf. Durch die Impulse, die man von den anderen Gruppenmitgliedern bekommt, entwickeln sich immer wieder neue Gedanken, die dann im Anschluss diskutiert werden. Das gemeinsame Ergebnis wird am Ende von der gesamten Gruppe präsentiert.

So geht es Schritt für Schritt:

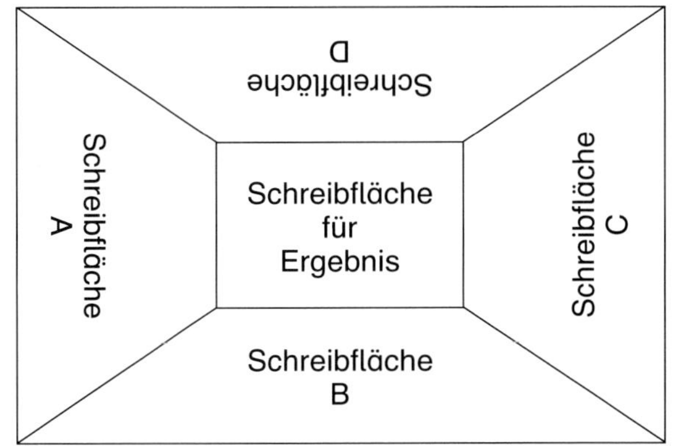

Bildet eine Gruppe mit vier Personen oder findet einen Partner.

Jede Gruppe/jedes Paar erhält eine Kopiervorlage (siehe Seite 76 oder Seite 77).

Notiere auf deinem Feld, was dir zum Thema einfällt. Dabei wird nicht geredet.

Wenn alle fertig sind, drehe die Kopiervorlage um 90° – also so, dass du lesen kannst, was auf dem Feld steht, das das Kind rechts von dir beschrieben hat.

Lies dir die Notizen durch und ergänze weitere Punkte.
(Bei der Gruppenarbeit: Danach wird das Papier wieder gedreht. Wiederholt diesen Vorgang, bis jeder in jedes der äußeren Felder etwas geschrieben hat.)

Entscheidet im Gespräch gemeinsam, welche Stichwörter in die Mitte geschrieben werden sollen.

Präsentiert das Gruppenergebnis als Poster oder in einem kurzen Vortrag.

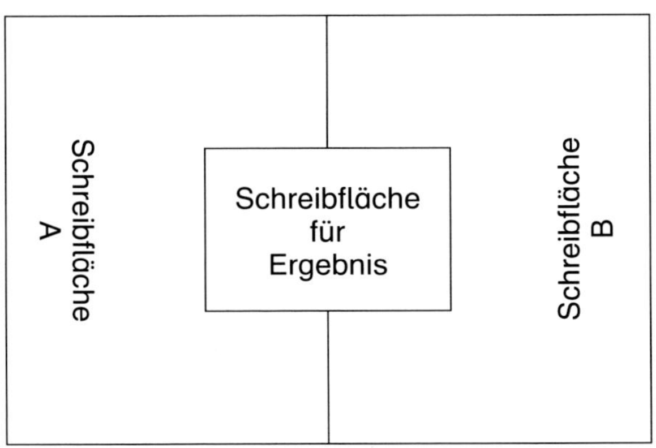

Von Jesus haben wir gelernt, was ein Freund ist

So lebte man zur Zeit Jesu

Das Leben Jesu

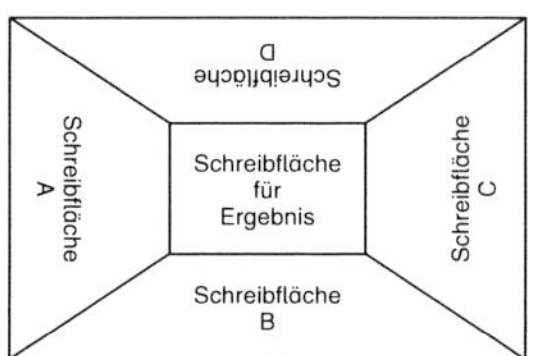

Placemat-Methode

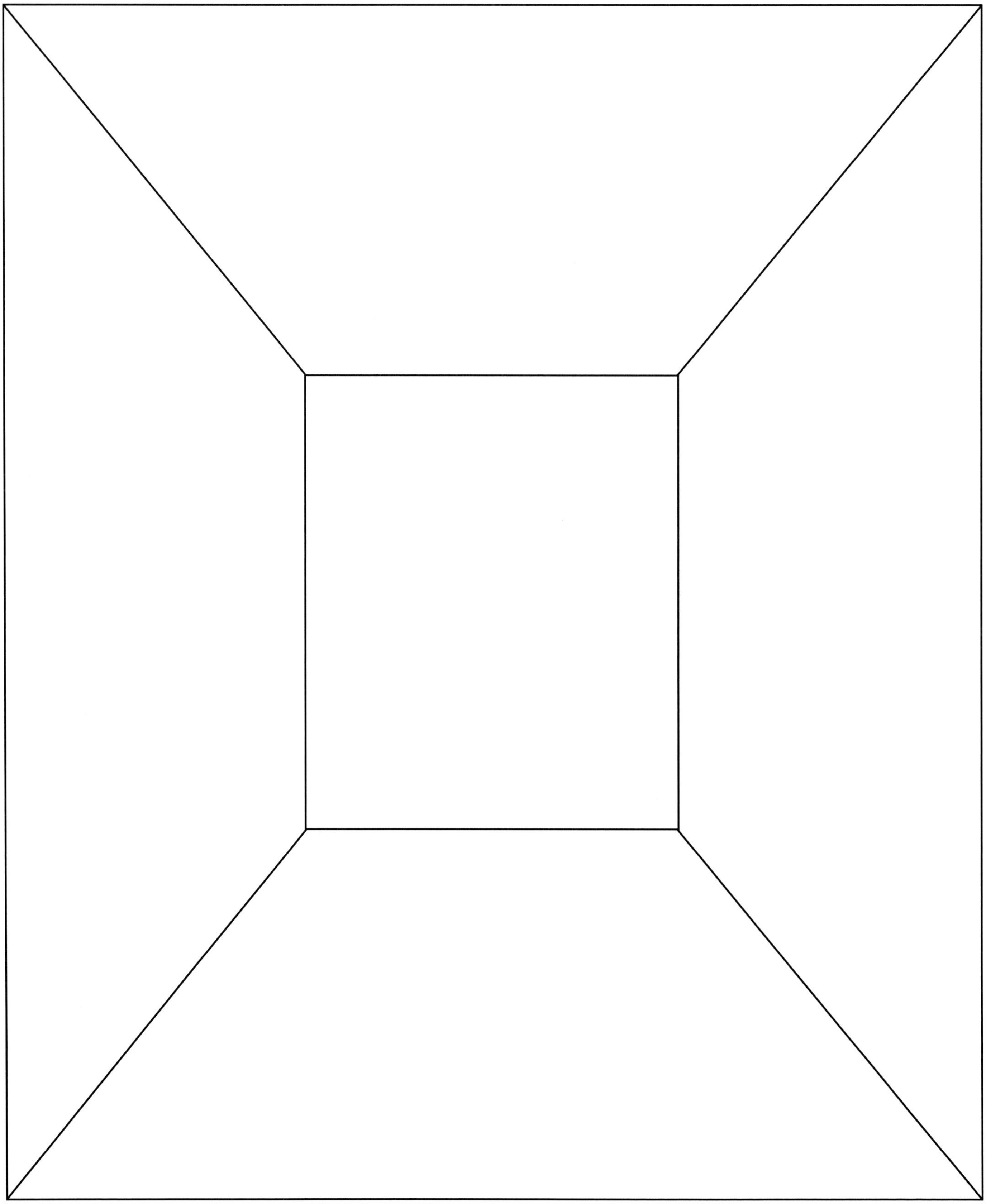

Placemat-Methode

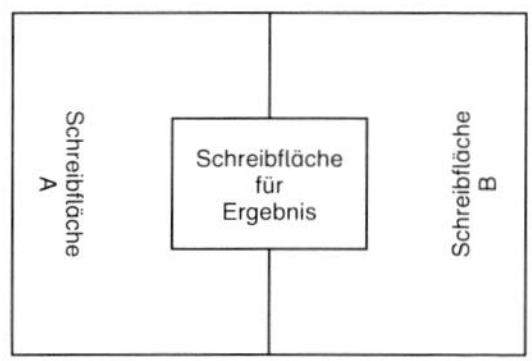

Lösung Seite 10

O, Jesus Name, du klingst so süß
in den Ohren aller Gläubigen!
Du bringst uns nah das Paradies (du schaffst es, dass wir das Paradies sehen/verstehen können)
und hebst das Herz empor (du machst uns froh)!

Verwundete Herzen heilst Du (Traurige Menschen machst du froh),
bist jedes Müden Kraft (gibst Kraft, wenn wir müde sind),
Du gibst den Schwerbeladenen Ruhe (du beruhigst Menschen mit großen Sorgen),
und Mut zur Ritterschaft (und machst uns Mut, gut zu sein),

Mein sicherer Fels in wilder Flut (Du bist jemand zum Festhalten, wenn die Zeiten stürmisch sind),
mein einziger Bergungsort (du bist wie ein Zuhause, ein sicherer Ort),
mein Schutz bei grauser Stürme Wut (du bist Schutz, wenn das Leben gemein zu mir ist),
mein letzter Ruheort.

Mein Herr und König, Freund und Hirt (Du bist eine wichtige Person für mich),
mein Priester und Prophet,
mein Weg und Ziel, wenn ich verirrt (an dir kann ich mich orientieren),
mein Heil, sei hoch erhöht (du bist meine Rettung, dich kann ich nicht genug loben)!

Lösung Seite 11

Name:	Jesus Christus
Geburtsort:	Bethlehem
Wohnort:	Nazareth
Geburtstag:	24.12. ungefähr 7 bis 4 v. Chr.
Traumberuf:	Prediger
Mein Motto:	Hilf den anderen und liebe Gott.

Lösung Seite 12

JUDENTUM

Lösung Seite 13

Jesus wird in Bethlehem geboren.
Der 12-jährige Jesus spricht mit den Gelehrten im Tempel.
Jesus wird von Johannes im Jordan getauft.
Jesus stillt den Sturm.
Jesus heilt einen Blinden.
Jesus feiert mit seinen Jüngern das Abendmahl.
Jesus stirbt am Kreuz.
Jesus ist auferstanden.

Lösung Seite 14

	richtig	falsch
Maria, Josef und Jesus wohnen in Nazareth.	X	
Maria, Josef und Jesus wollen das Passafest in Jerusalem feiern.	X	
Mit zwölf Jahren war Jesus schon mehrfach im Tempel von Jerusalem.		X
Nur wenige Menschen kommen zum Passafest nach Jerusalem.		X
Der Tempel ist sehr groß und in viele Bereiche geteilt.	X	
Das Passafest dauert einen Tag.		X
Maria und Josef machen sich nach dem Passafest gemeinsam mit Jesus auf den Rückweg nach Nazareth.		X
Jesus bleibt nach dem Passafest noch im Tempel und spricht mit den Gelehrten.	X	
Jesus nennt den Tempel in Jerusalem das „Haus seines Vaters“.	X	

Lösung Seite 15

Die Knochen wurden als Würfelspiel benutzt.
Je nach Lage des Knochen gab es Punkte.

Die Walnüsse wurde ebenfalls als Würfel genutzt
bzw. als Bastelmaterial oder Wurfmarkierung.

Lösung Seite 17

P	F	J	A	K	O	B	U	S	N	C	B
E	G	O	R	E	L	J	C	E	D	Ä	F
T	H	A	D	D	Ä	U	S	F	M	D	G
R	H	P	S	F	M	D	D	G	A	E	H
U	I	A	T	G	N	A	J	H	T	F	I
S	J	N	U	H	T	S	A	I	T	G	K
A	K	D	A	I	H	O	K	J	H	I	L
B	A	R	T	H	O	L	O	M	Ä	U	S
Ä	L	E	B	J	M	P	B	K	U	K	I
C	M	A	C	K	A	R	U	L	S	J	M
D	N	S	D	Ä	S	T	S	M	A	L	O
E	J	O	H	A	N	N	E	S	B	C	N
P	H	I	L	I	P	P	U	S	Ä	K	M

Lösung Seite 18

- *Was meint Jesus, wenn er zu den Fischern sagt:*
  „Ihr werdet noch viel größere Fische fangen“?

Jesus meinte damit, dass die beiden Brüder Menschen von Gott überzeugen werden, indem sie ihn unterstützen. Dies ist ein viel größerer „Fang“ als die Fische, die sie im Netz hatten.

- *Recherchiere im Internet, in der Bibel oder in der Bücherei,*
  wie die zwölf Jünger heißen, die Jesus begleiteten.

Andreas, Bartholomäus, Jakobus (2 ×), Johannes, Judas, Matthäus, Petrus, Philippus, Simon, Thaddäus, Thomas

Lösung Seite 20 bzw. Seite 23

	Albert Schweitzer	Mutter Teresa	Martin Luther King	Elisabeth von Thüringen	Dietrich Bonhoeffer
Wann lebte sie/er?	14.01.1875 – 04.091965	16.08.1910 – 05.09.1997	15.01.1929 – 04.04.1968	07.07.1207 – 17.11.1231	04.02.1906 – 09.04.1945
Wo lebte sie/er?	Deutschland, Gabun	Mazedonien, Indien (Kalkutta)	USA	Ungarn, Thüringen	Hauptsächlich in Deutschland
Was machte sie/er Besonderes?	Er eröffnete ein Urwaldkrankenhaus und half vielen Menschen	Betreute Sterbende, Kranke und Waisen	Setzte sich gegen Rassentrennung in USA ein	Als Adlige half sie Armen und Kranken, gründete ein Krankenhaus	Setzte sich in der Nazi-Zeit für die Juden ein, Widerstand gegen Hitler
Inwieweit folgte sie/er Jesus nach?	Nächstenliebe, gegen den Krieg (Friedensstifter), er lebte seinen Glauben, (er studierte Theologie)	Nächstenliebe, selbstlos, hilfsbereit, keine Angst vor Kranken (großes soziales Engagement)	gewaltlos den Herrschenden entgegentreten, sich dafür einsetzen, dass alle Menschen gleich sind	kümmerte sich um die Schwachen, hilfsbereit	er lebte seinen Glauben (Nächstenliebe, Hilfsbereitschaft)

Lösung Seite 24

JORDAN

Lösung Seite 25

NAZARETH|BETHLEHEM|ÄGYPTEN|NAZARETH|JERUSALEM|SEEGENEZARETH|KAPERNAUM|JERICHO|

Lösung Seite 26

Maria und Josef lebten in **NAZARETH**.
Sie mussten nach **BETHLEHEM**, um sich dort zählen zu lassen.
Hier wurde Jesus geboren. Weil König Herodes Jesus töten lassen wollte,
flohen Maria und Josef mit ihm nach **ÄGYPTEN**. Später gingen sie
nach Nazareth zurück. Mit zwölf Jahren besuchte Jesus zum ersten Mal
den Tempel in **JERUSALEM**. Jerusalem war die Hauptstadt.
Jesus war schon fast dreißig Jahre als er seine zwölf Jünger in der Nähe des
SEE GENEZARETH fand. Mit ihnen ging er von Ort zu Ort, auch nach
KAPERNAUM, wo er den Zöllner Levi traf. Hier lehrte er seinen Jüngern auch das Vaterunser.
Jesus legte große Entfernungen zurück. Er war z. B. auch in **JERICHO**, das in der Nähe des Toten Meers
liegt. Hier traf er den Zöllner Zachäus.

Lösung Seite 30

	Lage	**Aussehen**	**Wer wohnte hier?**	**Sonstiges**
Nazareth	in den Hügeln von Galiläa	kleine Stadt	Maria, Josef, Jesus (Jesus und seine Familie)	
Bethlehem	in der Nähe von Jerusalem	kleine Stadt	Stadtbewohner	In der Gegend lebten viele arme Hirten Geburtsort Jesu
Jerusalem	im Süden des Landes	sehr reich, großer Tempel im Zentrum, prächtige Häuser, Paläste	viele Menschen waren reich, Priester, Gelehrte	Erinnerung an die erneute Weihung des Tempels in Jerusalem wichtigste Stadt für die Juden
Kafarnaum	im Norden des Landes, am See Genezareth	Fischerdorf	Fischer	(durch den See Genezareth fließt der Jordan)
Jericho	mitten in der Wüste, nördlich vom Toten Meer	Oase	Bauern	Quelle liefert Wasser, ohne dass kein Leben möglich wäre Wird auch Palmenstadt genannt

Lösung Seite 31

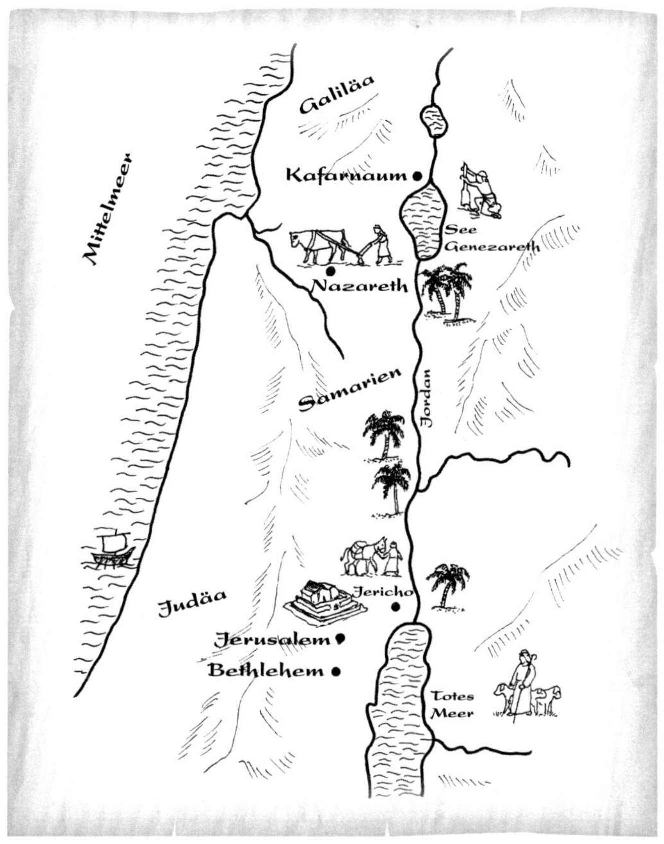

Lösung Seite 32

BIBEL

Lösung Seite 37

Gott ist wie ein guter Hirte. Gott ist wie ein König.

Lösung Seite 38

Symbol	Bedeutung
	Frieden/ Heiliger Geist
	Glaube an Jesus als Retter
	Neues Leben/Taufe
	Hoffnung auf Auferstehung
	Allumfassender Gott, der vom Anfang bis zum Ende da ist

Symbol	Bedeutung
	Liebe und Zuneigung
	Jesus, der Licht bringt
	Frieden/Verbundenheit Gottes mit den Menschen
	Heiliger Geist
	Kirche

Lösung Seite 39

Alle dargestellten Symbole werden im Christentum als christliche Symbole verwendet – vgl. Lösung für Seite 38.

Lösung Seite 41

Du bist schnell wie der Blitz. – Du bist unglaublich schnell.
Sie heulte wie eine Sirene. – Sie weinte sehr laut.
Sie verhalten sich wie Hund und Katze. – Sie streiten viel miteinander.
Ich fühle mich wie ein Blatt im Wind. – Ich habe das Gefühl, nicht selber bestimmen zu können, was mit mir passiert.
Er hält die Hand über mich. – Er beschützt mich.
Immer wenn ich gelobt werde, blühe ich auf. – Ich freue mich sehr und fühle mich gut, wenn mich jemand lobt.
Die beiden sind wie Feuer und Wasser. – Die beiden sind sehr unterschiedlich und kommen nicht gut miteinander aus.
Du wirfst das Geld zum Fenster raus. – Du verschwendest das Geld.
Du lebst wie die Made im Speck. – Dir geht es gut und du lebst im Überfluss.
Ich bin munter wie ein Fisch im Wasser. – Ich bin gesund und mir geht es gut.

Lösung Seite 43

Lösung Seite 47

Vater unser im Himmel,
geheiligt werde dein Name.
Dein Reich komme.
Dein Wille geschehe, wie im Himmel so auf Erden.
Unser tägliches Brot gib uns heute.
Und vergib uns unsere Schuld,
wie auch wir vergeben unseren Schuldigern.
Und führe uns nicht in Versuchung,
sondern erlöse uns von dem Bösen.
Denn dein ist das Reich und die Kraft
und die Herrlichkeit in Ewigkeit.

Lösung Seite 48

Vater unser im Himmel,
geheiligt werde dein Name.
Dein Reich komme.
Dein Wille geschehe, wie im Himmel so auf Erden.
Unser tägliches Brot gib uns heute.
Und vergib uns unsere Schuld,
wie auch wir vergeben unseren Schuldigern.
Und führe uns nicht in Versuchung,
sondern erlöse uns von dem Bösen.
Denn dein ist das Reich und die Kraft
und die Herrlichkeit in Ewigkeit.
Amen.

Lösung Seite 52

In der Stadt Jericho lebte ein Mann, der hieß Zachäus. Zachäus arbeitete als Zöllner an der Stadtmauer von Jericho und verdiente viel Geld mit seinem Beruf. Er lebte in einem prächtigen Haus und konnte sich vieles leisten. Nur Freunde hatte Zachäus nicht. Die anderen Menschen mochten ihn nicht, weil er als Zolleinnehmer anderen Leuten das Geld wegnahm. Zachäus war einsam in seinem schönen Haus. Eines Tages erfuhr Zachäus, dass Jesus in Jericho war. Er hatte schon viel von Jesus gehört und wollte ihn unbedingt sehen! Schnell verließ Zachäus seine Zollstelle und machte sich auf die Suche. Es war nicht schwer Jesus zu finden. Dort, wo die vielen Menschen dicht an dicht gedrängt am Straßenrand standen, kam Jesus seinen Weg entlang. Alle wollten einen Blick auf ihn werfen. Zachäus stand ganz weit hinten und konnte nichts sehen. Er war ein kleiner Mann und niemand wollte ihn vorlassen. Da hatte er eine Idee. Zachäus lief ein Stück voraus zu einer Stelle, an der ein Maulbeerfeigenbaum stand. Er wusste, dass Jesus auf seinem Weg hier vorbeikommen musste. Geschickt kletterte Zachäus auf den Baum und versteckte sich oben zwischen Blättern und Ästen. Von hier hatte er einen guten Ausblick und ganz bestimmt eine gute Sicht auf Jesus, sobald dieser bis hier vorgelaufen war. Zachäus wartete. Endlich kam Jesus näher. Doch was war das? Jesus steuerte geradewegs auf den Maulbeerbaum zu, blieb direkt unter ihm stehen und sprach ihn freundlich an: „Zachäus, komm schnell herunter. Ich will heute in deinem Haus zu Gast sein!“ Zachäus konnte kaum glauben, was er da hörte. Jesus wollte ihn zu Hause besuchen! Ausgerechnet ihn, er bekam doch sonst nie Besuch. Eilig kletterte er vom Baum herunter und führte Jesus und seine Jünger in sein Haus. Dort bewirtete er alle mit köstlichen Speisen und gutem Wein. Zachäus war sehr froh, fröhlich mit seinen Gästen feiern zu können. Die Menschen von Jericho aber waren empört. Ausgerechnet den unbeliebten Zöllner Zachäus, der sich am Geld anderer bereicherte, besuchte Jesus. Doch Zachäus erkannte jetzt selber, dass er unrecht gehandelt hatte. Er sprach zu Jesus: „Ich habe mich schlecht verhalten und will mich von nun an ändern. Alle, die ich betrogen habe, bekommen das Vierfache ihres Geldes zurück und die Hälfte meines Besitzes will ich den Armen geben.“ Darüber freute sich Jesus sehr. Er sprach: „Heute ist ein Freudentag für alle in deinem Haus! Auch du gehörst zu Gott, Zachäus. Ich bin zu dir gekommen um dich zu Gott zurückzubringen.“
(nach Lukas 19,1–10)

Rot

Gelb

Lösung der Seiten 54

	Jesus und Bartimäus	Jesus und der Aussätzige	Jesus und der Gelähmte	Jesus und die gekrümmte Frau **Grün**
Welche Krankheit hat die Person, der geholfen wird?	Bartimäus ist blind.	Der Aussätzige hat rote Flecken und Beulen am ganzen Körper.	Der Kranke ist gelähmt und kann weder seine Arme und Beine noch seine Hände bewegen.	Eine Frau kann nicht aufrecht gehen und hat immer eine gebückte Haltung.
Wie kommt es zu einer Begegnung zwischen Jesus und der kranken Person?	Bartimäus ruft so laut bis Jesus ihn hört. Jesus bittet darum, das Bartimäus zu ihm gebracht wird.	Der Aussätzige geht auf zu Jesus und bittet ihn um Hilfe.	Freunde des Gelähmten tragen den Kranken auf einer Matte zu Jesus.	Als Jesus am Sabbat in der Synagoge von Gott erzählt ist die Kranke unter den Besuchern.
Wie verhalten sich die Menschen um die Kranke/den Kranken herum?	Die anderen Menschen wollen Bartimäus erst von Jesus fern halten.	Die anderen Menschen meiden den direkten Kontakt und wollen den Kranken auch von Jesus fernhalten.	Die Freunde des Gelähmten helfen ihm, indem sie ihn an einer Menschenmenge vorbei direkt zu Jesus bringen.	Die Menschen haben sich an die gebückte Haltung der Frau gewöhnt und nehmen die Krankheit nicht mehr war.
Wie verhält sich Jesus?	Jesus möchte Kontakt mit Bartimäus haben und macht ihn gesund.	Jesus beugt sich zu dem Kranken herunter, fasst ihn bei den Händen und macht ihn gesund.	Jesus sah die hoffnungsvollen Augen der Freunde und machte den Kranken gesund.	Jesus bemerkt die kranke Frau, hat Mitleid und ruft sie zu sich. Er legt seine Hände auf sie und macht sie gesund.
Wie ändert sich das Leben der Geheilten/des Geheilten durch die Begegnung mit Jesus?	Bartimäus ist geheilt und kann sehen. Er verlässt Jericho und folgt Jesus nach.	Der Aussätzige ist geheilt und kann ein fröhliches Leben unter seinen Mitmenschen leben.	Der Mann kann sich wieder bewegen und läuft fröhlich nach Hause.	Die Frau steht aufrecht und sieht Jesus an. Sie lobt Gott, dass Jesus sie gesund gemacht hat.

Lösung der Seiten 55

	Jesus und Bartimäus
Welche Krankheit hat die Person, der geholfen wird?	Bartimäus ist blind.
Wie kommt es zu einer Begegnung zwischen Jesus und der kranken Person?	Bartimäus ruft so laut bis Jesus ihn hört. Jesus bittet darum, das Bartimäus zu ihm gebracht wird.
Wie verhalten sich die Menschen um die Kranke/den Kranken herum?	Die anderen Menschen wollen Bartimäus erst von Jesus fern halten.
Wie verhält sich Jesus?	Jesus möchte Kontakt mit Bartimäus haben und macht ihn gesund.
Wie ändert sich das Leben der Geheilten/des Geheilten durch die Begegnung mit Jesus?	Bartimäus ist geheilt und kann sehen. Er verlässt Jericho und folgt Jesus nach.

Lösung der Seiten 56

	Jesus und der Aussätzige
Welche Krankheit hat die Person, der geholfen wird?	Der Aussätzige hat rote Flecken und Beulen am ganzen Körper.
Wie kommt es zu einer Begegnung zwischen Jesus und der kranken Person?	Der Aussätzige geht auf zu Jesus und bittet ihn um Hilfe.
Wie verhalten sich die Menschen um die Kranke/den Kranken herum?	Die anderen Menschen meiden den direkten Kontakt und wollen den Kranken auch von Jesus fernhalten.
Wie verhält sich Jesus?	Jesus beugt sich zu dem Kranken herunter, fasst ihn bei den Händen und macht ihn gesund.
Wie ändert sich das Leben der Geheilten/des Geheilten durch die Begegnung mit Jesus?	Der Aussätzige ist geheilt und kann ein fröhliches Leben unter seinen Mitmenschen leben.

Lösung der Seiten 57

	Jesus und der Gelähmte
Welche Krankheit hat die Person, der geholfen wird?	Der Kranke ist gelähmt und kann weder seine Arme und Beine noch seine Hände bewegen.
Wie kommt es zu einer Begegnung zwischen Jesus und der kranken Person?	Freunde des Gelähmten tragen den Kranken auf einer Matte zu Jesus.
Wie verhalten sich die Menschen um die Kranke/den Kranken herum?	Die Freunde des Gelähmten helfen ihm, indem sie ihn an einer Menschenmenge vorbei direkt zu Jesus bringen.
Wie verhält sich Jesus?	Jesus sah die hoffnungsvollen Augen der Freunde und machte den Kranken gesund.
Wie ändert sich das Leben der Geheilten/des Geheilten durch die Begegnung mit Jesus?	Der Mann kann sich wieder bewegen und läuft fröhlich nach Hause.

Lösung der Seiten 58

	Jesus und die gekrümmte Frau
Welche Krankheit hat die Person, der geholfen wird?	Eine Frau kann nicht aufrecht gehen und hat immer eine gebückte Haltung.
Wie kommt es zu einer Begegnung zwischen Jesus und der kranken Person?	Als Jesus am Sabbat in der Synagoge von Gott erzählt ist die Kranke unter den Besuchern.
Wie verhalten sich die Menschen um die Kranke/den Kranken herum?	Die Menschen haben sich an die gebückte Haltung der Frau gewöhnt und nehmen die Krankheit nicht mehr war.
Wie verhält sich Jesus?	Jesus bemerkt die kranke Frau, hat Mitleid und ruft sie zu sich. Er legt seine Hände auf sie und macht sie gesund.
Wie ändert sich das Leben der Geheilten/des Geheilten durch die Begegnung mit Jesus?	Die Frau steht aufrecht und sieht Jesus an. Sie lobt Gott, dass Jesus sie gesund gemacht hat.

Lösung Seite 59

Lösung Seite 60

A	L	U	**B**	W	K	P	G	M	A	N	F	P	B
S	**C**	**H**	**A**	**F**	**E**	R	H	N	B	S	**E**	R	**M**
T	M	F	**L**	A	L	S	**J**	**E**	**S**	**U**	**S**	T	**Y**
E	N	G	**T**	B	M	**G**	**O**	**L**	**D**	T	**E**	U	**R**
R	O	Y	**H**	C	N	T	**S**	O	C	W	**L**	W	**R**
N	P	S	**A**	D	**C**	U	**E**	P	D	Y	G	K	**H**
B	R	A	**S**	E	**A**	W	**F**	R	**O**	**C**	**H**	**S**	**E**
C	S	B	**A**	F	**S**	Y	K	S	E	A	K	**T**	C
D	T	**K**	**R**	**I**	**P**	**P**	**E**	T	F	B	L	**R**	D
G	**E**	C	S	G	**A**	D	L	U	G	C	M	**O**	E
H	**N**	D	**M**	**A**	**R**	**I**	**A**	W	H	D	O	**H**	F
I	**G**	E	T	**W**	**E**	**I**	**H**	**R**	**A**	**U**	**C**	**H**	G
M	**E**	**L**	**C**	**H**	**I**	**O**	**R**	Y	L	E	N	A	H
K	**L**	R	V	H	O	F	**H**	**I**	**R**	**T**	**E**	**N**	K

Lösung Seite 63

	Lukas	Matthäus
Jesus wird in Bethlehem geboren.	X	X
Maria ist die Mutter Jesu.	X	
Maria und Josef sind wegen einer Volksschätzung in Bethlehem.	X	
Maria und Josef fanden in Bethlehem keine Unterkunft und mussten deshalb in einem Stall übernachten.	X	
Die Hirten verbrachten die Nacht, in der Jesus geboren wurde, auf dem Feld.	X	
Ein Engel erzählt den Hirten von der Geburt Jesu.	X	
Ein Stern zeigt an, wo Jesus geboren wurde.		X
Die Heiligen Drei Könige wollen das Christuskind anbeten.		X
König Herodes hat vor dem Jesuskind Angst, weil er um seine Macht fürchtet.		X

Seite 66

Er hat ein schweres Kreuz zu tragen. =
Er hat es nicht leicht im Leben, er muss viele Probleme lösen und/oder ist nicht gesund.

Lösung Seite 68

[3] Stille Wasser sind tief.
[6] Steter Tropfen höhlt den Stein.
[1] Er ist nah am Wasser gebaut.
[7] Ihr läuft das Wasser im Mund zusammen.
[4] Das Wasser steht ihr bis zum Hals.
[5] Das ist ein Tropfen auf dem heißen Stein.
[2] Die kochen auch nur mit Wasser.

Lösung Seite 69

Glockengeläut	Herbeirufen der Gottesdienstbesucher
Gebet, Psalm oder Lied	Begrüßung
Anrufung Gottes (Ehre sei Gott … / Herr, erbarme dich)	Wir machen uns Gedanken/Sorgen
Lesung aus der Bibel oder Predigt	Was ist los in der Welt?
Fürbittgebet	Wir denken an die anderen
(Abendmahl)	(Stärkung mit symbolischem Essen und Trinken)
Segen	Verabschiedung

Bildquellen

Seite 7

Das letzte Abendmahl (Gemälde von Leonardo da Vinci), Kloster Mehrerau, Bregenz, Vorarlberg; Treppenhaus zur Collegiumskapelle, Foto von Andreas Praefcke [Public domain], via Wikimedia Commons
http://commons.wikimedia.org/wiki/File%3AKloster_Mehrerau_Treppenhaus_Collegiumskapelle_Abendmahl.jpg

Jesus mit Kindern (Carl Heinrich Bloch's painting Suffer the Children from the Chapel at Frederiksborg Palace in Copenhagen, http://masterpieceart.net/carl-heinrich-bloch/) [Public domain], via Wikimedia Commons
http://commons.wikimedia.org/wiki/File%3ACarl_Heinrich_Bloch_-_Suffer_the_Children.jpg

Jesus umringt von Schafen (The Lord is my Good Shepard), Bernhard Plockhorst [Public domain], via Wikimedia Commons
http://commons.wikimedia.org/wiki/File%3AThe_Lord_is_my_Good_Shepherd.jpg

Jesus Skulptur (Marble monument sculpture of Jesus) © nongpoo – fotolia.com

Glasmalerei (Jesus on Palm Sunday) © jorisvo – fotolia.com

Jesus-Bildnis © Renáta Sedmáková – fotolia.com

Jesus Christus am Kreuz © nito – fotolia.com

Seite 19

Albert Schweitzer © akg-images Berlin, 2005

Mutter Theresa © Túrelio/Wikipedia, 1986, lizenziert unter Creative Commons Attribution-ShareAlike 2.0 Generic license
http://creativecommons.org/licenses/by-sa/2.0/deed.de

Martin Luther King: By Marion S. Trikosko [Public domain], via Wikimedia Commons
http://commons.wikimedia.org/wiki/File%3AMartin_Luther_King_press_conference_01269u_edit.jpg

Heilige Elisabeth von Thüringen; Hans Holbein the Elder [Public domain], via Wikimedia Commons
http://commons.wikimedia.org/wiki/File%3AHolbein_St_Elisabeth_Piloty_litho_c1817.jpg

D. Bonhoeffer im Gefängnis Berlin-Tegel © akg-images

Seite 24

Tempel (Fotografía del Templo de Jerusalén en la maqueta del Jerusalén bíblico del jardín del Hotel Holyland en Jerusalén), by Juan R. Cuadra (Own work) [Public domain], via Wikimedia Commons
http://commons.wikimedia.org/wiki/File%3AJerus-n4i.jpg

Stadt Nazareth © Rafael Ben-Ari – fotolia.com

See Genezareth, this image was taken by the NASA Expedition 20 crew. (NASA Earth Observatory) [Public domain], via Wikimedia Commons
http://commons.wikimedia.org/wiki/File%3ALake_Tiberias_(Sea_of_Galilee)%2C_Northern_Israel.jpg

Olivenbäume by Adrian Michael (Own work) [GFDL (http://www.gnu.org/copyleft/fdl.html) or CC-BY-SA-3.0-2.5-2.0-1.0 (http://creativecommons.org/licenses/by-sa/3.0)], via Wikimedia Commons
http://commons.wikimedia.org/wiki/File%3AOlivenb%C3%A4ume_Umbrien.jpg

Öllampe (Römisch-Germanisches Museum, Köln), licensed under the Creative Commons Attribution-Share Alike 3.0 Unported license
http://commons.wikimedia.org/wiki/File:Gladiator-%C3%96llampe.jpg#mediaviewer/Datei:Gladiator-%C3%96llampe.jpg

Berg Sinai in der Negev-Wüste (Góra Synaj, Original uploader was Tamerlan at pl.wikipedia, By Tamerlan at pl.wikipedia (Transferred from pl.wikipedia) [Public domain], from Wikimedia Commons
http://commons.wikimedia.org/wiki/File:Mount_Sinai_Egypt.jpg

Seite 49

Schwarzer Junge mit Spielzeug © poco_bw – fotolia.com

Asiatische Kinder und Lehrerin © paylessimages – fotolia.com

Mädchen mit Down-Syndrom © philidor – fotolia.com

Kleiner Junge in Klassenzimmer © Tatiana Belova – fotolia.com

Junge im Rollstuhl © BildPix.de – fotolia.com

Oma mit Hund © Sandor Kacso – fotolia.com

Fußballer © beatrice prève – fotolia.com

Kinder mit Schlittschuhe © studioJowita – fotolia.com

Text- und Musikquellen:

„Sage, wo ist Bethlehem" von Rudolf Otto Wiemer, aus der Reihe „Biblische Spielstücke", Band 20, © Deutscher Theaterverlag, Weinheim 1975

„Gottes Liebe ist wie die Sonne", Text und Melodie: Die Rufer 1970, Rechte: Verlag Singende Gemeinde, Wuppertal

„Jesus liebt die Kinder" von Rainer Jetzschmann © Christlicher Online-Publikationsdienst, Rainer Jetzschmann

„Jesus hat mich angenommen" von Brunhilde Rusch © Christlicher Online-Publikationsdienst, Rainer Jetzschmann